Dorothea Löcker · Alexander Potyka (Hg.)

# Lesereise Kulinarium Frankreich

Dorothea Löcker
Alexander Potyka (Hg.)

# Lesereise Kulinarium Frankreich

*Kapaune, Austern und ein Glas Champagner*

Picus Verlag Wien

Grafische Gestaltung: Dorothea Löcker, Wien
Umschlagabbildung: © Stefano Amantini / Bildagentur Schapowalow
Druck und Verarbeitung: Remaprint, Wien
ISBN 978-3-7117-1024-6

Informationen über das aktuelle Programm
des Picus Verlags und Veranstaltungen unter
***www.picus.at***

# Inhalt

# Göttergleich

*Ein Vorwort*

Von Frankreich zu reden, ohne aufs Kulinarische zu kommen, ist vermutlich kaum möglich. Allenfalls, spräche man über Mode- und Schönheitsgewerbe, die zweifellos Paris als eine ihrer Hauptstädte anerkennen. In beiden Fällen – bei der *Haute Cuisine* ebenso wie der *Haute Couture* – steht Frankreich, nicht nur in den Augen der anderen, für eine Spielart des Genusses, die sich aus dem bloß Gefälligen oder Spontanen in Sphären des höchsten Raffinements und der elaboriertesten Kunstfertigkeit emporschraubt.

Nun mag man einwenden, dass über diese Art der Inszenierung des Genusses ein wenig die Zeit hinweggegangen ist und sie bloß als Ritual einer zahlenmäßig beschränkten Oberschicht ihre Fortsetzung findet. Tatsächlich setzen die großen Degustationsmenüs der französischen Haubenlokale nicht bloß einen langen Atem, sondern vor allem eine leistungsfähige Kreditkarte voraus.

Die Bedeutung, die in Frankreich der Qualität von Küche und Keller zugemessen wird, lässt sich jedoch auch im Alltag auf Schritt und Tritt erleben. Die Kundigkeit im Umgang mit Weinen und Champagner ist hier eine Frage der Allgemeinbildung und des guten Tons – was zur Voraussetzung ebenso wie zur Folge hat, dass die Qualität des Angebots an Rebensäften – sei es im *bistrot* ums Eck oder im Luxusrestaurant – keine Wünsche offenlässt.

Die Kultur des guten Essens fußt nicht bloß auf erprobten Rezepten, sie ist ohne entsprechend gute Zutaten undenkbar. Und wenn auch Frankreich in der Außenwahrnehmung vor allem durch seine Metropole, allenfalls noch durch Strände an den drei langen Küsten definiert ist, so ist es doch zu einem nicht unbeträchtlichen Teil immer noch ein Bauernland. Von den Zitronen und Oliven im Süden, den Kastanien aus Korsika über die Hühner und Kapaune aus der Bresse und die Rinder aus dem Charolais, über die Krautköpfe des Elsass bis zu den Austern aus der Bretagne und der Normandie: Frankreichs Landwirtschaft bringt in hohem Maße Qualitätsprodukte hervor, an denen sich ablesen lässt, dass der Respekt vor Tradition und Erfahrung die Grundlage zeitgemäßen Handelns sein kann.

Wie Gott in Frankreich lebt man, der Redewendung zufolge, wenn man es sich besonders gut gehen lässt. Zur Beruhigung sei angemerkt: Mag auch Frankreich weder Paradies noch Schlaraffenland, sondern ein moderner europäischer Staat sein, der Genuss des guten Lebens steht hier jedenfalls nicht bloß Göttern offen. In diesem Sinne: *Santé* und *Bon appetit!*

*Dorothea Löcker &*
*Alexander Potyka*

# Langes, sanftes Köcheln in Rotwein

*Tafelfreuden in Burgund*

Die Gäste im Sonntagsstaat treffen ziemlich pünktlich ein. Sie wohnen in den Nachbarhäusern und haben's nicht weit. Gegen zwölf Uhr dreißig gibt es einen kleinen Stau im engen Vorraum zwischen Eingangstür, Küche und Speisezimmer, weil einander alle gleichzeitig begrüßen, drei- bis viermal *bises* (Küsschen) auf beide Wangen von Frau zu Frau, von Mann zu Frau, herzhafter Händedruck zwischen den Männern. Nachrichten werden ausgetauscht, vor allem über das Wetter, obwohl man sich beinahe täglich sieht. Marie-Louise, die Gastgeberin, hat schnell die Schürze abgelegt und verströmt souverän lächelnd Gelassenheit, als wäre sie eine der Geladenen und nicht Köchin dieses Gelages, das bis in die Abendstunden dauern wird. Zwar dringen Dämpfe und Düfte aus der wie immer glänzend sauberen Küche, doch außer dem Stoß mit Tellern und Anrichteplatten auf dem Küchentisch, den Weinflaschen, dem zugedeckten gusseisernen Topf auf dem Herd und dem beleuchteten Backrohr darunter deutet nichts darauf hin, dass sie bereits den Vortag mit Zubereitungen und Kochen verbracht hat. Dazu muss allerdings erwähnt werden, dass der Hauptvorgang des Kochens in ihrer sogenannten »Arbeitsküche« stattgefunden hat, in dem Verschlag auf der anderen Seite des Hofes, gleich neben dem Hühnerstall. Dort stehen ein alter, nicht sehr sauberer Herd, wackelige Tische und Stellagen, diverse Kübel mit und ohne Inhalt, Küchen- und Gartenutensilien. Auf dem Tisch mit der abgearbeiteten Oberfläche liegen Bündel von Karotten- und Löwenzahngrün und Grasbüschel für die Kaninchen, daneben der Korb, mit dem Marie-Louise jeden Morgen die frischen Eier einsammelt. Es macht ihr nichts aus, die paar Meter zwischen Arbeitsküche und Wohnhaus immer wieder hin- und herzulaufen, dafür kann sie ihren Gästen die blitzblanke Küche im Haus vorzeigen und in der Arbeitsküche werken ohne Rücksicht auf Ordnung und Sauberkeit.

Endlich ist es ihr gelungen, ihre Gäste ins Speisezimmer zu manövrieren, was beim Anblick des festlich gedeckten Tisches mit gebührenden »Ahs« und »Ohs« quittiert wird. Auf dem weißen bestickten Tischtuch, vermutlich noch aus ihrer Aussteuer, stehen kleine Vasen mit kurz geschnittenen dunkelvioletten Fliederzweigen, winzige Salz- und Pfefferfässchen aus Glas in Reichweite jedes Gastes, je eine Flasche Whisky, Weißwein, *crème de cassis* (Johannisbeerlikör mit hohem Zuckergehalt), Pastis (bronzefarbener Anisschnaps, der mit Wasser verdünnt seine opaleszierende milchig-weißgelbe Farbe erhält) und zwei Wasserkrüge. Längliche Brotkörbe an den Tischenden quellen über von geschnittener *baguette*. Die acht Gedecke bestehen aus je einem goldumrandeten Porzellanteller mit dezentem Blümchenmuster, auf dem in einer Serviette eingerollt ein Stück Weißbrot liegt. Das Tischsilber lässt manche der bevorstehenden Gaumenfreuden erahnen: das Fischbesteck, das scharfe Messer rechts vom Fischmesser, auch das kleine Gerät links, einer Kreuzung von Zange und Wimpernschere ähnlich, oder die winzige zweizinkige Gabel rechts. Am oberen Rand des Tellers Dessertlöffel, Kuchengabel und das Porzellanständerchen mit dem Namen des Gastes. Licht reflektierender Anziehungspunkt der Tafel sind die Trinkgläser, am oberen Rand jedes Tellers platziert. Für jeden Gang das ihm gemäße Getränk im entsprechenden Glas. Neben den verschieden hohen Weingläsern für Weiß- und Rotwein bilden vor allem die *Apéritif*-Gläser eine funkelnde Phalanx: Hohes Glas für Pastis, niedriges, bauchiges für Whisky samt Eiswürfeln, dem in dieser eher betagten Runde – die Jüngsten sind über sechzig – nur die Männer zusprechen. Die Frauen trinken aus hochstieligen Weingläsern *blanc-cassis*.

Herber Weißwein gesüßt mit schwarzem Johannisbeerlikör stand schon lange auf dem Tisch der Bauern in Burgund, um Verkaufsabschlüsse zu tätigen oder Besucher zu laben, bevor die Mischung zum Modegetränk aufstieg. Dazu hat Mitte des 20. Jahrhunderts wesentlich der langjährige Bürgermeister von Dijon beigetragen. Félix-Adrien Kir – seines Zeichens Kanonikus, gewiefter Geschäftsmann, Verteidiger der Landwirtschaft, Bewahrer von Dijons Altstadt, Mitglied der Résistance und beinahe Opfer eines faschistischen Mordanschlags. Er trank am liebsten trockenen Aligoté-Weißwein mit einem Schuss *crème de cassis* und ließ diese Mischung auch bei offiziellen Anlässen servieren, was im Übrigen den Obstbauern aus der Nachkriegskrise half. Nur gerecht, dass das Regionalgetränk seinen ungewöhnlichen Namen trägt. Zu besonders feierlichen Anlässen – und das scheint heute bei Marie-Louise der Fall zu sein – kann der *cassis* statt mit Aligoté-Weißwein mit Schaumwein, Crémant de Bourgogne, oder gar mit Champagner aufgegossen werden, was ihn zu einem *Kir Royal* werden lässt und aus entsprechenden Gläsern getrunken wird.

Fröhlich wird auf das Wohl der Köchin, *à votre santé!*, geprostet und eifrig zugegriffen. Nicht nur von den *gougères* soll genascht werden. Mit Käse gebackene Miniaturwindbeutel, Genuss in Tischtennisballgröße, der auf der Zunge zergeht, obwohl man Kalorienreiches wie Milch, Butter, Mehl und Ei zu sich nimmt. Auf mehrere Schüsselchen verteilt warten außerdem Salzgebäck, Pistazien und eine in winzige Stückchen geschnittene Pizza. Es handelt sich um das Vorzeremoniell, den *apéritif.* Das eigentliche Essen hat noch gar nicht begonnen, und dennoch füllt sich unerbittlich der Magen. Erleichterung verschaffen nachgeschenktes *Apéritif*-Getränk und die Zeit, die mit heiterem Geplauder vergeht.

Inzwischen sind die geleerten Pastis-, Whisky- und Kirgläser sowie die Behälter für die *Apéritif*-Happen verschwunden. Trockener Weißwein ist in die passenden Gläser gegossen worden und der Duft des *jambon persillé,* des Petersilschinkens in Rahm-Weinsauce, wie von Zauberhand auf die Teller platziert, steigt in die Nase. Die Sülze aus Schinken, Eisbein, Schweinshaxen, Weißwein, Weinessig, Zwiebeln, Karotten, Knoblauch, Suppengrün, Gewürzen und viel, viel Petersilie hat Tradition in Burgund. Nach der Schlachtung des Schweins im November überwinterte der Schinken im Pökelfass und konnte zur Osterzeit serviert werden. Zu Caesars Zeiten bereits exportierte der keltische Stamm der Häduer Schinken und Wurstwaren nach Rom.

Der Start ist freigegeben! *L'entrée,* der Eintritt, Auftakt zur genussvollen Mahlzeit, die kalte Vorspeise hat den Reigen der Gänge eröffnet. Zehn werden es insgesamt sein, den *apéritif* nicht mitgerechnet.

Kaum hat man jedoch die Schinkensülze und das

Weißbrot in die mild-pikante Sauce getaucht und verspeist, erscheint Marie-Louise mit der warmen Vorspeise. Auf einem Tablett balanciert sie acht Metallteller, auf denen kleine kugelähnliche Gehäuse schaukeln – die Funktion von Zange und schmaler Gabel wird klar. Nun heißt es, Geschicklichkeit zu beweisen, weil man das Kugelgehäuse mit jener Kreuzung aus Zange und Wimpernschere in der Linken festhalten muss, um mit der kleinen zweizinkigen Gabel in der Rechten das Stückchen knackiges Fleisch herausholen zu können, das per definitionem Tendenz hat, aus der Zangenumklammerung zu springen und in des Nachbars Teller oder – noch schlimmer – in sein Weinglas zu purzeln. Vollgesogen mit heißer Butter, Knoblauch und Petersilie wird das Fleisch nach geglückter Aktion in den Mund geschoben. Den Kopf wie beim Aussaugen der Austernmuschel weit zurückgebeugt, werden die letzten Tropfen des Saftes aus dem Gehäuse in die Mundhöhle geträufelt. Danach tunkt man ein Stück Weißbrot in die runde Vertiefung des Tellers, in der sich noch Reste des oben beschriebenen Butter-Knoblauch-Petersiliengemischs befinden, und schiebt es nach. Weitere elf dieser Köstlichkeiten warten darauf, ebenso verzehrt zu werden. Ein Dutzend *escargots de Bourgogne*, Burgunder Weinbergschnecken.

Wollen die kulinarischen Genießer wirklich wissen, welchen Weg die Schnecken zurücklegen müssen bis zu ihrem Endzustand, als Delikatesse in den Mulden des Metalltellers? Vorausgesetzt das Regionalgericht wird noch zu Hause, in den burgundischen Bauernhöfen oder ländlichen Haushalten zubereitet? Für Restaurants und Supermärkte reicht der natürliche Bestand an Weinbergschnecken längst nicht mehr aus. Sie werden in eigens angelegten Schneckengärten gezüchtet, wie es bereits die Römer handhabten, und aus Osteuropa, Griechenland oder der Türkei importiert. Marie-Louise findet von Frühling bis Herbst auf Feldern, Weiden, Waldwegen oder am Straßenrand Hunderte von Weinbergschnecken. Laut ministeriellem Erlass von 1979 dürfen sie jedoch während ihrer Reproduktionszeit vom 1. April bis 30. Juni nicht gesammelt werden und danach auch nur, wenn sie mindestens drei Zentimeter Durchmesser aufweisen. Eine späte und nicht sehr wirksame Maßnahme, dem Aussterben der Helix pomatia auf burgundischem Boden entgegenzuwirken.

Die mehr oder weniger rechtmäßig aufgelesenen Schnecken müssen mindesten acht bis zehn Tage in einer gut verschlossenen Kiste aushungern (sie sind geschickt im Entkommen!), danach an die zwei Stunden in Salz liegen, um entschleimt zu werden. Fünf bis sechs Mal werden sie mit kaltem Wasser gespült, bis keine Spur von Schleim mehr übrig ist. Ein erstes Mal kochen sie danach zwanzig Minuten, damit man sie, abgekühlt, aus dem Gehäuse entfernen und ihre Gedärme herausschneiden kann. Nochmals werden sie mit reichlich Essigwasser abgespült und nun erst zur eigentlichen Zubereitung zwei bis drei Stunden lang in einer Mischung aus Rindsuppe, Weißwein, Gewürznelken, Zwiebeln, Karotten, Gewürzsträußchen und Knoblauchzehen fertig gekocht. Irgendwann zwischen Salzlösung, kalter Wasserspülung und erstem Kochvorgang haben die Schnecken ihr Leben ausgehaucht. Aber da sie zum Wohle von Gaumen und Magen des Menschen starben und dies seit Jahrtausenden – im Mittelalter etwa umgingen die Mönche mit ihnen das Fastengebot –, will man auch das nicht so genau wissen. Denn für die Burgunder – wie übrigens für die meisten Franzosen – gibt es keinen Widerspruch zwischen der Liebe zu dem, was sie auf ihrem Boden finden, und dem Verlangen, es zu verspeisen.

Hunderte Variationen der Schneckenzubereitung soll es in Burgund geben: überbacken, frittiert, gefüllt, gegrillt, im Omelette oder als Garnierung auf dem Salzkuchen, warm oder kalt. Im April wird bei Auxerre ein Schneckenfestival gefeiert, sogar eine Bruderschaft hat sich gebildet. Im Touristik-Werbeprospekt heißt es: »Die burgundische Weinbergschnecke verkörpert die Seele dieser Erde und das Wesen der Menschen, die auf ihr leben.«

Nach so viel Genuss ist eine Pause angesagt, indes Marie-Louise abräumt. Die leeren Schneckengehäuse sammelt sie ein, sie wird sie sorgfältig in Essigwasser säubern und für künftige Schneckengelage in einem speziellen Schrank im Schuppen aufbewahren.

Der Höhepunkt, das Hauptgericht, kündigt sich an. Wie gerne im Burgund gegessen wird, offenbart sich, wenn während einer Schwelgerei wie dieser Gänge doppelt einherkommen. Zwei Vorspeisen, zwei Hauptspeisen, mindestens zwei Nachspeisen. Das war bereits im Mittelalter bei den Banketten der großen Herzöge der Fall.

Im Haus von Marie-Louise, der verwitweten Viehzuchtbäuerin, kommt zunächst das Fischgericht zu Ehren: *la pauchouse*, eine Art Fischragout, oder *bouillabaisse à la Bourguignonne*. Sonntags sieht man sie geduldig an den Ufern der großen und kleinen Flüsse Burgunds stehen, mögen sie Loire, Saône, Yonne, Seine heißen oder Cure, Cousin, Arroux, Ouche oder Doubs, der sich zwischen Franche-

Comté und Burgund bergauf, bergab windet, was übrigens seit Jahrhunderten den Konflikt aufrechterhält, ob denn nun die *pauchouse* franche-comtoisen oder burgundischen Ursprungs sei. An diesen Ufern also stehen sie mit ihren Angeln, auch an den Ufern der Seen im Morvan, und warten gemächlich auf den erfolgreichen Fang: die Fischer, *les pêcheurs,* mundartlich *les pochous,* daher auch der Name des Gerichts. Gleich vier Fischsorten, Hecht, Karpfen, Barsch, Forelle oder Zander, werden in trockenem Chablis oder Aligoté behutsam geköchelt – natürlich dürfen auch hier Schalottenzwiebeln, Knoblauch, Thymian und Gewürzsträußchen nicht fehlen. Dazu wird geröstetes, mit Knoblauch eingeriebenes Weißbrot serviert.

Nachdem man den letzten Tropfen der mit Butter, Eigelb und Knoblauchpüree sämig gerührten Sauce des Fischgerichts mit Weißbrot aufgetunkt und im Mund hat zergehen lassen, scheint endgültig Schluss zu sein. Nichts geht mehr. Kein Platz frei im Verdauungstrakt. Vollkommene Sattheit ist eingetreten. Aber es sind erst zwei bis zweieinhalb Stunden vergangen und angesichts der noch verbleibenden unbenützten Teller, Bestecke und Gläser muss man sich stöhnend eingestehen, dass die Mahlzeit keineswegs zu Ende ist. Jedoch die französische Gastgeberin hat ein Einsehen. Ursprünglich heimisch in der Normandie, hat sich der *trou Normand,* wörtlich das normannische Loch, überall eingebürgert in Frankreich, wo üppig gegessen wird, weil es die Verdauung fördert: In Glasschälchen trägt Marie-Louise *sorbet* auf, getränkt in *marc de Bourgogne,* einer aus Maische destillierten Branntweinvariante. Die schon sehr fröhlichen Gäste nennen den Zwischentrank allerdings *trou Bourguignon* und versichern dem zugereisten Gast, dass dies eine hiesige Erfindung sei, der echte *trou Normand* werde mit Calvados pur serviert, ohne Fruchteis.

Die höchst willkommene Pause wird genützt, sich zu rekeln und im Stuhl zurückzulehnen, um den reichlich belasteten mittleren Partien des Körpers Platz zu verschaffen, so fällt auch das Atmen leichter. Beherzte stehen auf und drehen eine Runde um den Tisch – Anlass, vielleicht Ausrede, das Wort an entfernt Sitzende zu richten –, wahrer Grund jedoch, der Schwere des Körperzentrums durch Bewegung entgegenzuwirken.

*Coq au vin*! Hahn in Rotweinsoße! Inbegriff burgundischer Küche! Dazu kraftvoller tieffarbener Rotwein (daher die Farbe Burgunderrot). Früher wurde der Hahn des Hauses seiner symbolischen Bedeutung als Emblem Galliens ebenso wie seinem materiellen Wert entsprechend nur zu besonderen Gelegenheiten geopfert. Speck aus dem Salzfass, Zwiebeln, Petersilie, Lorbeer und Thymian aus dem Garten dienten der Verfeinerung, und Champignons. *Rosés* nennen sie die Bauern wegen ihrer leicht rosa Färbung, die ab Spätsommer auf den Weiden emporschießen. Das hat sich bis heute nicht geändert. Langes, sanftes Köcheln in Rotwein von bester Qualität macht aus dem aggressiven Gockel einen delikaten Genuss.

Marie-Louise lässt drei, vier *coqs* inmitten der zwanzig bis dreißig Legehennen auf ihrer Wiese scharren, bei Anbruch der Dunkelheit allerdings müssen alle in den Hühnerstall zurück (»*fermer les poules*!«, nennt sie das), um sie vor räuberischen Füchsen, Mardern und Bussarden zu schützen. Im vergangenen Spätherbst war der Fuchs eines Nachts durch die nicht vollständig geschlossene Tür in den

Hühnerstall eingedrungen und hatte ein Massaker am Federvieh angerichtet. Ein Hahn nur war am Leben geblieben, traumatisiert. Beständig lief er hinter Marie-Louise her und krähte unablässig, wenn sie nicht in der Nähe war. Als sie junge Hühner nachkaufte, griff er diese an und gackerte erbost zurück, wenn Marie-Louise ihn zurechtwies. Es ist ihr gewiss schwer gefallen, den Gockel seinem Schicksal als Delikatesse anheimzuführen.

Aber – nicht jeder nennt einen Hühnerstall sein Eigen. Beim Kauf des besten Hahns sollte man unbedingt einen aus der Bresse wählen. Die Region im Südwesten ist berühmt für das edelste Geflügel mit blauen Füßen, weißem Gefieder und roten Kämmen. Es darf frei herumlaufen, wird nach streng traditionellen und natürlichen Methoden mit Korn aufgezogen und erhält durch Maismehl und Molke seinen feinen Geschmack. So berühmt sind die *poulets de Bresse*, dass sie seit 1919 mit eigener kontrollierter Herkunftsbezeichnung, wie Wein, vermarktet werden.

*Salade verte*, grünen Salat, und einen *plateau de fromage*, die Käse-Auswahl, serviert Marie-Louise danach gleichzeitig. Frische *baguette* ist herbeigeschafft und geschnitten worden. Befragt nach der Menge Brot für ein Gastmahl wie dieses, meint sie, man müsse pro Person etwa mit einer halben *baguette* rechnen. Der Salat, auch aus ihrem Garten, nur die frischen hellgrünen Blätter kommen in die Schüssel, wird mit pikant scharfer Sauce unter Beigabe von Senf zubereitet, Dijonaiser Senf selbstverständlich.

Die jahrtausendealte Gewürzmischung namens Senf kannten schon die Sumerer, Senfkörner wurden den Ägyptern ins Grab beigelegt, die Römer überdeckten abgestandenen Geschmack von Fleisch mit einer Mischung aus Senf und Honig. Einer der Schisma-Päpste von Avignon, Johannes XXII., war ebenso für seinen übermäßigen Genuss von Senf bekannt wie die mit reichlich Senf bestückten Tafeln der großen Herzöge im Mittelalter. Natürlich stand Senf immer auf dem Speiseplan der Klöster, er passte sowohl zu Fleisch wie zu Fisch und durfte deshalb auch in der Fastenzeit genossen werden. Louis XI., der Charles le Téméraire, den letzten großen Herzog von Burgund, besiegt und die Region Frankreich einverleibt hatte, tat dies womöglich nur des Senfes wegen. Denn er liebte Senf so sehr, dass er überallhin einen Topf mit sich trug. Und Rabelais' Romanheld Gargantua aus der Renaissancezeit bekam schaufelweise das kostbare Gut, um die Dutzenden Schinken und Ochsenzungen zu verdauen, die er verschlungen hatte.

Schon von alters her wurde in Burgund Senf neben Essig hergestellt, und zwar aus weißen Senfkörnern, Weinmost, auch *verjus* genannt, Essig, Wasser und Salz (Most bedeutet *moût* im Französischen, in Verbindung mit *ardent* = stechend, scharf entsteht daraus das französische Wort für Senf: *moutarde*). Fast jeder hatte seine eigene Senfmühle. Aber bereits die großen Herzöge stellten strenge Regeln auf, wie Senf für den Verkauf hergestellt werden sollte. Ab Mitte des 19. Jahrhunderts entstanden Senffabriken. Viele Fabrikanten ließen sich an den Ufern der Ouche nieder, der Transport erfolgte über Wasserwege. Um 1870 wurden in Dijon neununddreißig Fabriken zur Senfherstellung gezählt. Seit Mitte des 20. Jahrhunderts müssen die Senfkörner aus Kanada importiert werden, da von der EU geförderter Rapsanbau die Senffelder fast vollständig verdrängt hat. Heute findet sich die Marke »Senf aus Dijon« mit einer Verordnung von 1937 geschützt. Er müsse scharf oder extrascharf und von hellgelber Farbe sein, dichte Konsistenz aufweisen und einen ausgeprägten Geschmack besitzen. Einzig erlaubte Bestandteile: Gewürze, Weißwein, Wasser, Salz und Zucker. Die geografische Produktionsfläche dürfe ausschließlich die vier Departements der Region Burgund umfassen.

Kehren wir zurück zu unserer leicht ramponierten Tischrunde. Die eine oder andere winzige dunkelviolette Blüte ist auf das nicht mehr ganz so weiße Tischtuch geflattert. Wangen haben sich gerötet, Frisuren gelockert, Westen wurden über die Stuhllehne gehängt, Halstücher entfernt. Das Weißweinglas steht schon eine Weile mit einem Rest des goldgelben Getränks neben dem ebenfalls halb vollen Rotweinglas – dem Nachschenken wird nicht mehr so fleißig zugenickt. Doch nun wurde es wieder gefüllt, Käse ohne süffigen Rotwein ist undenkbar. Jeder schneidet ein bis zwei Stück aus der Käseauswahl ab – mehr von dem verlockenden Angebot auf der Holzplatte zu nehmen, würde gegen die guten Sitten verstoßen, ebenso wie Lob für die Künste der Köchin, allenfalls eine anerkennende Bemerkung ist erlaubt.

Aus über zwei Dutzend Käsesorten aus Kuh- oder Ziegenmilch kann man in Burgund wählen. Vor allem die Klöster sind bekannt für ihre Tradition der Käseherstellung. Da sind der milde Cîteaux, nach dem Ort der ehemals größten Zisterzienserabtei benannt, oder der Pierre-qui-Vire, der ebenfalls den Ortsnamen seiner Herstellung trägt, ein Mitte des 19. Jahrhunderts in den Wäldern des Morvan gegründetes Benediktinerkloster. Bekannter und beliebter Weichkäse ist der Epoisse mit gewaschener orangefarbener Rinde und sehr intensivem, leicht alkoholischem Geruch und Geschmack, weil er während der Reifung regelmäßig mit einer Mischung aus Salzwasser und stetig steigendem Anteil von hochprozentigem Marc de Bourgogne gewaschen wird (den wir bereits vom *trou Normand* her kennen – am Ende des Gelages werden wir dem Schnaps noch einmal begegnen). Der Epoisse wurde angeblich im 16. Jahrhundert von den Zisterziensermönchen erfunden, Einheimische meinen jedoch, das uralte Käserezept sei bereits von Bäuerinnen aus dem gleichnamigen Ort im Departement Côte-d'Or verarbeitet worden, die frommen Männer hätten es nur verbessert. Auch für diesen Käse gilt übrigens eine kontrollierte Herkunftsbezeichnung, die letzte stammt vom November 1999. Immer, so auch bei Marie-Louise, wird zum Käsegang überdies *fromage blanc* (Topfen beziehungsweise Quark), verfeinert mit *crème fraîche*, angeboten, den Gäste selbst, je nach Geschmack, mit Salz, Pfeffer, Knoblauch und Petersilie anrichten oder süß, mit Zucker und Marmelade.

Die Burgunder meinen, man könne von einer opulenten Mahlzeit noch so gesättigt sein, für die süße Nachspeise sei immer Platz, im Magen gebe es dafür eine spezielle »Abteilung«. Wie anatomisch bewiesen diese Aussage ist, kann hier nicht geklärt werden. Sicher ist, dass sie nicht nur für Burgund gültig ist. Mittlerweile ist es zwischen vier und fünf Uhr nachmittags geworden und man ist überzeugt davon, keinen Bissen mehr hinunterbringen zu können, sei er süß, salzig, bitter oder sauer. Wieder hat man sich geirrt. Man schafft nämlich nicht nur ein Dessert, sondern deren zwei, so unterschiedlich sind sie gestaltet und so leicht gleiten sie über den Gaumen.

Rote und schwarze Johannisbeeren, Himbeeren, Brombeeren, Erdbeeren, Kirschen ... Burgund ist das Paradies der roten Früchte. Man isst sie frisch geerntet oder als Marmelade, in der Sauce, im Likör oder als Zugabe zahlreicher Desserts, wie zur *charlotte* (die Fruchtcreme wird mit zarten Biskotten verziert), dem *vacherin* (eine Schaumgebäck-Masse kulminiert die Süße von Fruchtcreme und Eis) oder der Torte mit Marmotte-Kirschen aus Auxerre. Marie-Louise zerstückelt die *tarte au cassis* (schwarzer Johannisbeerkuchen) in gleichschenkelige Dreiecke, die sie auf die zierlichen Dessertteller legt. Die lockere Cassiscreme, mit geriebenen Mandeln veredelt, ruht auf dem mit viel Butter angemachten Mürbteig, der Bissen zergeht auf der Zunge.

Birne *belle Dijonnaise* oder Burgunder Birne serviert Marie-Louise in Glaskelchen, denn kleine Williamsbirnen werden mit Zucker, Zimt, Nelke, Zitronen- und Orangenschalen und Rotwein in Wasser so lange gekocht, bis die weinrot getränkten Früchte nur mehr im aromatisierten Sirup baden. Jawohl, auch von diesem Naschwerk kostet man ohne große Schwierigkeiten und man beißt sogar vom beigelegten *pain d'épices* (Gewürzbrot) ab. Zu schade wäre es, die besonders würzige Burgunder Spezialität unangetastet zu lassen. Dieser mit Anis gewürzte »Honigkuchen« aus Weizenmehl und Akazien- oder Heidekrauthonig hat eine lange Geschichte. Im 14. Jahrhundert soll Marguerite von Flandern diese Mischung aus Mehl und Honig in die Ehe mit Philippe le Hardi gebracht haben. Zahllos die Varianten, in denen *pain d'épices* angeboten wird: mit Mandeln oder kandierten Früchten gefüllt, mit Marmelade (dann heißt es *nonnette*, das, wie der Name sagt, ursprünglich in Klöstern hergestellt wurde), ganz glaciert oder nur an der Oberfläche, quadratisch, rechteckig oder rund. Seit man den Mutterteig vor dem Herausbacken in Formen aus Eschen- oder Kastanienholz legt, sind dem Erfindungsreichtum keine Grenzen gesetzt, Figuren von Männern, Frauen, Kindern, Schnecken, Fischen, Herzen, Blumen finden sich. Frischer Champagner, wie er vor einer Ewigkeit zum *apéritif* kredenzt wurde, begleitet den Epilog.

Nun ist endgültig Schluss mit der Völlerei. Was jetzt noch serviert wird, dient zur Erleichterung der Verdauung. Während Marie-Louise in Begleitung der anwesenden Frauen Berge schmutzigen Geschirrs in die Küche trägt – kein Mann würde sich dafür erheben, die Aufgaben sind streng verteilt, Männer sind ausschließlich für Getränke zuständig, was wohl keine burgundische Spezialität ist –, herrscht Stille rund um den Speisetisch. Man blickt versonnen aus dem Fenster, die helle Nachmittagssonne ist verblasst, und stellt Überlegungen an, ob man sich nicht doch in einer Schubkarre zum fünfzig Meter entfernt liegenden Heim fahren lassen soll, angesichts der Unfähigkeit, einen Fuß vor den anderen zu setzen. Schwarzer Kaffee, in kleinen Tassen serviert, soll Abhilfe schaffen. Mehr noch *la goutte* (der Tropfen): *marc de Bourgogne* oder in Alkohol eingelegte Kirschen. Weder Schnaps- noch Cognacgläser stehen bereit, die geleerte Kaffeetasse ist für diesen letzten Trunk am besten geeignet, weil die in ihm noch schlummernde Wärme den Geschmack des hochprozentigen Alkohols erst richtig zur Entfaltung bringt, ebenso wie der darin eingetauchte Würfelzucker, *le canard*.

Es dämmert bereits. Die Küsschen hin und her verursachen diesmal keinen Stau, weil man sich hinaus in den Hof begeben hat. Man schöpft tief Luft, begibt sich auf den Heimweg und schwört insgeheim, mindestens eine Woche, vielleicht einige Tage, ganz bestimmt aber den nächsten Tag zu fasten.

*Susanne Pollak*

# Catherine Troubat und les Anis de Flavigny

*Vom diskreten Charme der kleinen weißen Kügelchen*

Flavigny-sur-Ozerain im nördlichen Burgund ist eines der Dörfchen, wie es sie in Frankreich auf dem Lande viele gibt, zum Teil verlassen, aber gut beisammen und stets wie völlig aus der Zeit gefallen. Jeder Landstrich bietet solche Nester fern der Welt, aber dieses stand einmal für alle, und so kam Flavigny als »Lansquenet-sous-Tannes« zum Film. Hier wurde »Chocolat« gedreht. Und die Geschichte der mit dem Nordwind vagabundierenden Mutter, die mit dunklem Ruf und dunkler Schokolade ein ganzes Dorf verzaubert, hängt den winkligen Gemäuern, den Rundbögen und kleinen Fensterchen rund um die Kirche Saint-Genest heute noch so an wie in den fünfziger Jahren des Films. Das Lädchen der Schokoladenzauberin kann man oben an der Rue du Four entdecken, und gegenüber, auf dem Kirchenvorplatz, wo zwei kleine Jungen Tennis spielen ohne Netz und Linien, steht im Film und stand noch vor einigen Jahren das Denkmal des Comte de Reynaud. Der Asphalt war damals abgedeckt durch Sand, und alle Dörfler trugen Kleider und Frisuren aus der alten Zeit, im Winter, ein halbes Jahrhundert zurück. Es war einmal. Und Juliette Binoche ist allen eine reizende Erinnerung geblieben.

Dabei gibt es gleich am Eingang in das Dörfchen eine ähnliche Geschichte, aber echt, die Bonbonmanufaktur von Catherine Troubat im Gemäuer der alten Benediktiner-Abtei von Sankt Peter. Flavinius, ein Weggefährte Caesars, hatte nach dem Sieg über die Gallier im Jahr 52 vor Christus hier ein Haus gegründet und seinen Namen hinterlassen. Er kam als Reisender aus Syrien und brachte den Anis in die Region. Die Burgunder befestigten das Hügeldorf, später gründeten die Benediktiner eine Abtei. Sie stellten schon seit langer Zeit Anisbonbons her: Statt Mandeln umhüllten sie Anissamen mit Zuckersirup.

Ein Manuskript des Jahres 1591 erwähnt die marmorharten weißen Dragees bereits als Tradition. Madame de Sévigné, Ludwig XIV., Madame de Pompadour: Sie alle schätzten die Anisbonbons der Abbaye de Flavigny. Die blieben, als die Klöster aufgehoben wurden und die letzten fünf Benediktiner das Weite suchen mussten. Sie blieben sogar im Gebäude des Klosters, in der zerstörten Kirche und den erhaltenen Gebäuden. Acht Fabrikanten machten anfangs weiter, bis ein Monsieur Galimard sie alle ausgezahlt und seiner eigenen Bonbonfabrik erfolgreich eingegliedert hatte. Jetzt gab es erstmals Produktionsstatistiken: 1870 stellte Flavigny rund zwanzig Tonnen der kleinen Aniskugeln her, jede kaum ein Gramm schwer.

1923 begann die Gegenwart für Flavigny und seine *bien bon bonbons*: Jean Troubat, der Großvater von Catherine, übernahm die Fabrik. Er sah die Zukunft der Anisbonbons in Automaten, folglich mussten sie aus Pappschachteln in feste metallene Dosen wechseln. Heute sind die weißen Kugeln in der ganzen Welt zu haben. Dennoch ist das Werk in Flavigny eine der kleinsten Bonbonfabriken Frankreichs, die einzige mit einer Krypta unter den Resten der zerstörten Kirche. Die achtundzwanzig Angestellten stammen alle aus dem Dorf. Es war Catherines Vater, der die Idee mit den Autobahnraststätten hatte. Er steigerte die Produktion von achtzig auf zweihundertfünfzig Tonnen im Jahr. Und als er erkrankte, riefen die Dörfler nach Catherine. Die Geschwister hatten abgewunken, sie waren andernorts im Brot und wollten es bleiben. Catherine hatte Kommunikationswissenschaften studiert und arbeitete in der burgundischen Hauptstadt Dijon in einer Werbeagentur. 1990 kam sie zurück in ihr Dorf, lernte das Dragieren, später, »Chef« zu sein, und seit 1999 leitet sie das Unternehmen. Es war die Zeit des Drehs von »Chocolat«.

Als Werbefachfrau weiß Catherine Troubat, dass ihr Betrieb für Werbung viel zu klein ist. Statt eines Etats hat sie Ideen, eine sympathische Offenheit und wache Sinne. Mit einem Küchenchef aus dem Dorf entwickelt sie Rezepte, und sie hat das Angebot auf zehn Geschmacksrichtungen erweitert. Daneben gibt es seit 2002 eine Öko-Linie ihrer Dragees. Allen gemeinsam ist das Liebespaar auf jeder Dose, Schäferin und Schäfer beim Rendezvous. Als Dragees um einen Kern von Anis wurden die harten Bonbons schon immer als Fruchtbarkeitssymbol begriffen. Auch die übrigen Dragierer aus dem Dorf zeigten das keusche *tête-à-tête* auf dem Deckel, nebeneinandergelegt nach Aromen ergibt das einen Comicstrip aus zehn ovalen Medaillons. Das passt zur Geschichte um Juliette Binoche und Johnny Depp. Und es passt zum Ratschlag, immer zwei Bonbons im Mund zu haben, damit sie in Bewegung bleiben und Geschmack entfalten.

Und während Vianne am Ende mit dem Nordwind weiterzieht, duftet Flavigny bei Westwind nach Anis. Und die Leute wissen, dass es Regen gibt.

*Michael Bengel*

# Vom Geschmack der französischen Provinz

## *Armagnac: ein geruhsamer Landstrich für Genießer*

Wie flüssiger Bernstein funkelt der Armagnac im Sonnenlicht. Ein durchdringendes Aroma von Backpflaumen steigt aus dem Glas, allmählich kommen auch Duftnoten von Feigen, Vanille, Kakao und Kaffee zum Vorschein. Beim ersten Schluck entfaltet sich ein Bukett aus delikaten Gewürzen, eingehüllt von einem leicht rauchigen Ton. Der feine Weinbrand aus der Gascogne offenbart sich als überschwängliches Aromakonzentrat – ein Resultat jahrhundertelanger Erfahrung durch Generationen von Winzern sowie der Geduld des Kellermeisters, der ihm die nötige Reife im Eichenfass erlaubt, ohne dabei auf Konsumtrends oder schnellen Gewinn zu achten. Ein Stück destillierte Zeit in der Flasche.

Wo wäre ein solch althergebrachter Tropfen besser zu genießen als auf der Place Royale in dem winzigen Dörfchen Labastide d'Armagnac? Dort sind ganze Epochen vorübergegangen, ohne dass sich an den mittelalterlichen Fassaden etwas Grundlegendes verändert hätte. Aus dem 13. Jahrhundert stammen die Fachwerkgemäuer der Wohnhäuser und die massiven Holzbalken, mit denen die wohlproportionierten Arkadengänge gestützt werden, die den Platz von drei Seiten her einrahmen. In einem der Häuser übernachtete schon König Heinrich IV. von Navarra, der dem Reiz dieses Platzes so verfallen war, dass er ihn in Paris als Place des Vosges nachbauen ließ.

Das architektonische Ensemble der Place Royale war Zentrum einer sogenannten Bastide, einem jener typischen Wehrdörfer, die Franzosen und Engländer während des hundertjährigen Krieges in der Region Armagnac gründeten.

Eine ganze Reihe dieser Bastiden hat nicht nur Mittelalter und Industrialisierung unbeschadet überstanden, sondern auch dem unbedingten Veränderungswillen des 20. Jahrhunderts getrotzt. Labastide d'Armagnac hat nicht nur seinen zentralen Platz erhalten, sondern ist ein vollkommen unversehrtes Dorf geblieben, das noch in einer abgeschiedenen Welt zu leben scheint. Es herrscht dort natürlich nicht mehr das Mittelalter, aber man findet französische Provinz aus anderen Tagen vor: Im einzigen Restaurant unter den Arkaden versammeln sich mittags ein paar Einheimische und trinken zum ausgiebigen Menü eine Karaffe Rotwein, während die meisten Bewohner wohl irgendwo draußen auf dem Feld ihre Mahlzeit einnehmen. Die Atmosphäre ist ländlich-schläfrig, die Fensterläden sind geschlossen, das kleine Geschäft mit Armagnacflaschen im Schaufenster macht Mittagspause. Auch die versprengten deutschen oder englischen Touristen können an dieser provinziellen Trägheit nichts ändern. Respektvoll und leise bewegen sie sich über den Platz, wie in einer Kirche, deren andächtige Stille sie nicht stören möchten. Dass auch das bescheidene Touristenbüro zur Mittagszeit zwei Stunden lang geschlossen ist, stört nicht einmal den wissbegierigsten Besucher, denn eigentlich hat niemand eine Frage zu diesem offensichtlichen Idyll, das man mit einem Blick und ein paar Schritten nach links oder rechts vollständig erfassen kann.

Die Bastidensiedlungen fügen sich auch heute

noch harmonisch in die abwechslungsreiche Landschaft des Armagnac ein: Laubwälder, Hecken und Platanenalleen erstrecken sich über die weitläufigen Hügel. Man fährt auf Landstraßen, die noch Landstraßen sind, gewunden zwischen den einzelnen Gemarkungen und Grundstücken, ohne Leitplanken oder Begrenzungspfähle. Zu beiden Seiten liegen die weit verstreuten Gehöfte mit ihren sorgfältig angelegten und bebauten Feldern und Weinbergen. Es herrscht keine Monokultur des Weinbaus, sondern Weizen und Mais, Sonnenblumen und Tomaten, hin und wieder eine Viehweide sorgen für Abwechslung. Auf Wiesen und an Teichen watscheln Enten und Gänse.

Jede Kleinstadt, jedes größere Dorf veranstaltet einen Markt, auf dem sich einmal pro Woche die gesamte Bevölkerung der Region einzufinden scheint – zum Kaufen oder Verkaufen und in der Regel vermutlich zu beidem. Es sind bodenständige Märkte mit Obst, Gemüse, Pilzen und Produkten der Saison, die sich nicht mit der mediterranen Buntheit der Märkte in der Provence, mit deren Überfluss an Oliven, Gewürzen und Exotischem messen können. Und doch sind auch sie angefüllt mit Raritäten und ungewöhnlichen Erzeugnissen. Ein Metzger bietet Wildschwein-, Pferde- und Eselswurst an, die Speckschicht an den Schinken ist mindestens fünf Zentimeter dick. Dutzende von Honigsorten stehen zur Auswahl, und die Produzenten von Weinbrand postieren neben aktuellen Jahrgängen stolz auch Flaschen aus ihrer Schatzkammer, die unter hundert Euro nicht zu haben sind. Von der Atlantikküste kommt gelegentlich ein Fischhändler, bei dem die Leute einen Teller geöffneter Austern erstehen. Beim Bäcker nebenan kaufen sie dazu eine *baguette,* bestellen im nächsten Café ein Gläschen Weißwein und verzehren dort das mitgebrachte Essen, ohne dass sich der Kellner daran stören würde. Der Markt in Eauze hat sogar eine eigene Abteilung für lebendes Geflügel. Dort flattert, schnattert, gackert und gurrt es, wenn die Bauern in kleinen und großen Käfigen ihre Enten, Gänse, Hühner und Tauben anschleppen. Vor allem Küken wechseln den Besitzer, gleich im Dutzend werden sie aus den Käfigen gegriffen und wie Obst und Gemüse in Kartons abgepackt.

Die Hauptrolle auf allen Märkten aber spielen eingemachte Delikatessen und Konserven, die vorwiegend aus Enten und Gänsen hergestellt werden. In Dosen und Gläsern gibt es die Spezialitäten *confit de canard* und *rillette, pâté* und *cassoulet, gésier* und *magret*: Eingekochtes, Eingelegtes, kross Gebratenes, Geräuchertes und Getrocknetes. Und nicht zu vergessen *foie gras* in allen Variationen: die Stopfleber von Gänsen und Enten. Auch wenn die Tierschützer in ganz Europa zetern und Verbote fordern, im Südwesten Frankreichs wird das Geflügel noch auf traditionelle Art und Weise gemästet und fett gemacht. Schon die Ägypter und Römer der Antike kannten die Methode des systematischen Überfütterns, um die aromatische Fettleber zu erzeugen, und vor hundert Jahren wurde auch auf jedem größeren Bauernhof in Deutschland noch eine Gans fürs Weihnachtsfest gestopft. Während hierzulande diese Art der Aufzucht mittlerweile verboten ist und Stopfleber nur selten angeboten wird, gehört die *foie gras* im Armagnac ganz selbstverständlich zur einheimischen Küche. Sie ist die Grundlage der Gastronomie im gesamten französischen Südwesten und kommt in Pasteten und Terrinen auf den Tisch oder pur als *foie gras entier*, ganze Leber, oder *foie gras en bloc*, hergestellt aus kleinen Stücken.

Mag sich auch vor einem Vierteljahrhundert mit der *nouvelle cuisine* in Frankreich eine Art Küchenrevolution ereignet haben, mag sich die Form des leichten und kalorienarmen Kochens in Europa ausgebreitet haben, mag sie sogar bis nach Amerika und Asien vorgedrungen sein – im Armagnac hat diese Umwälzung nur geringe Spuren hinterlassen. Hier geht es am Herd zu wie eh und je. Gekocht werden mächtige Mahlzeiten mit Ente und Gans, Fett ist kein Problem und Kalorien werden nicht gezählt. Fast jedes Restaurant bietet ein *Menu de Terroir* an, bei dem sich die Einheimischen ihre deftige Feinkost auftischen lassen und der Besucher die Geschmacksvielfalt der ländlichen Kochkunst begutachten kann. Dieses Essen passt zweifellos zum Land; es ist bodenständig wie die Menschen, althergebracht wie die Architektur der Bastiden, gewachsen mit der Landwirtschaft und deren Produkten. Und nichts könnte natürlich eine solche Mahlzeit besser abschließen als ein alter Armagnac: Je üppiger das Essen, desto ausgereifter sollte der Weinbrand sein.

Armagnac ist nicht gerade ein Kultgetränk, weder in Frankreich noch in Europa und schon gar nicht in Deutschland. Im Vergleich zu anderen Spirituosen sind diese handgefertigten Brände einfach zu teuer. Und natürlich macht ihnen die Konkurrenz des Cognac zu schaffen – nicht weil dessen Qualität besser wäre, sondern weil dort die größeren Firmen sitzen, die ihren Weinbrand mit mehr Geld und geschicktem Marketing in aller Welt bekannt gemacht haben. So jedenfalls sehen es die heimischen Winzer, und so ganz von der Hand zu weisen ist ihre

Argumentation nicht. Denn in der Geschmacksfülle steht ein alter Armagnac auch dem besten Cognac in nichts nach. Dieser ist aufgrund des angewandten doppelten Destillationsvorgangs zwar schneller reif und etwas milder, verliert dadurch aber die Intensität des Aromas, das einen reifen Armagnac auszeichnet.

Nicht zu bestreiten ist auf jeden Fall, dass aus der Region Armagnac der älteste Weinbrand Frankreichs stammt. Während Cognac erst im 17. Jahrhundert entstand, wurde der Armagnac bereits im Jahr 1285 zum ersten Mal von einem Leibarzt des Papstes erwähnt: als Elixier gegen das Altern und deshalb lange Zeit in Apotheken verkauft. Heute gibt es in den Städten Condom, Eauze und Nogaro zwar einige große Firmen, die Armagnac brennen und vermarkten, doch letztlich geht die Herstellung des Weinbrands noch auf traditionelle Art und Weise vor sich. Die wirklichen Kostbarkeiten und Raritäten, und dies ist wiederum ein Unterschied zu Cognac, stammen nämlich von kleinen, unabhängigen Weinbauern, von denen es noch mehr als dreihundert gibt. Sie haben ein paar Dutzend alte und neue Fässer im Keller, aber viele von ihnen besitzen nicht einmal eine eigene Destillieranlage. Zu ihnen kommt während der Wintermonate der mobile Destillateur für zwei Tage und zwei Nächte und brennt den frischen Wein der letzten Ernte. Auf diese Weise entstehen bei manchen Winzern weniger als tausend Flaschen pro Jahrgang. Sie praktizieren damit ein bäuerliches Handwerk, einen Nebenberuf, vielleicht sogar eine bloße Liebhaberei. Der Armagnac ist auf ihren Höfen lediglich ein Produkt unter anderen. Hauptsächlich werden Mais und Weizen geerntet, in der Regel züchtet der Armagnac-Winzer nebenbei auch Gänse und Enten, stellt Stopfleber her und kocht sein eigenes *confit de canard* ein. Sogar aus dem größten Teil der Traubenernte entsteht bei den meisten Bauern nicht etwa Weinbrand, sondern der regionale Landwein Vin de Pays de Gascogne.

Die Käufer von Armagnac gleichen den Produzenten. Sie sind ebenfalls Liebhaber von Raritäten, die es weder bei Großhändlern noch in Supermärkten gibt und die auch nur selten in Spezialgeschäften für Wein und Spirituosen erhältlich sind. Diese Freunde des Armagnac machen sich einmal im Jahr auf den Weg zum Winzer, um vor Ort die Brände zu verkosten und ihre Flaschen persönlich auszusuchen. Beliebte Tropfen stammen aus der Region Ténarèze, dem mittleren Teil des Anbaugebiets rund um die Stadt Condom. Einen noch besseren Ruf jedoch haben die Weinbrände aus dem Gebiet Bas-Armagnac, das weiter westlich liegt und wo auf sandig-lehmigen Böden die feinsten und aromatischsten Grundweine für die Destillation entstehen.

Wenn er nicht gerade mit der ganzen Familie auf dem Feld bei der Arbeit ist, freut sich der Bauer über jeden Besuch. Sein Sortiment an jungen und alten Weinbränden präsentiert er auf einer improvisierten Verkaufstheke im Wohnzimmer oder in einem kleinen Raum neben der Scheune. Mit ihm lässt sich trefflich fachsimpeln, denn er ist zugleich auch *Maître de Chai*, der Kellermeister seines Weinguts. Man erörtert die Länge der Lagerzeit, bespricht den Einsatz von neuen oder alten Fässern, diskutiert die Resultate von Verschnitten unterschiedlicher Ernten oder lobt die charakteristische Reinheit eines alten Jahrgangs-Armagnacs. Und unweigerlich fallen dabei auch wieder skeptische Worte über die Konkurrenz aus Cognac. Doch eigentlich ist es müßig, Vergleiche anzustellen, wenn sich im Probierglas ein Bas-Armagnac entfaltet, der zwanzig Jahre lang im Eichenfass gereift ist und so seinen eigenen Zustand der Perfektion erreicht hat. Schließlich zergeht in einem solchen Moment der ganze Reiz der französischen Provinz auf der Zunge.

*Volker Mehnert*

## Dieser hauchzarte Duft nach Thymian und Mandeln!

*Käse, Honig, wilde Schweine: eine kulinarische Expedition durch Korsika*

Korsika, die Insel seiner Jugend, könne er mit verbundenen Augen an ihrem Duft erkennen, behauptete Napoleon Bonaparte, als er auf St. Helena verbannt war. Da mochte eine gehörige Portion Heimweh des gescheiterten Imperators mitklingen, doch so ganz unrecht hatte er nicht. Der korsischen Landschaft entströmt tatsächlich ein eindringlicher, unverwechselbarer Geruch, denn mehr als ein Viertel der Insel ist vom dichten Buschwald der Macchia überwachsen, einem oft undurchdringlichen Dickicht aus Gräsern, Bäumen und Farnen, aus Ginster, Zistrosen, Baumheide, Wacholder, Rosmarin, Lavendel und Myrte. Und um unter der mediterranen Sonne eine Austrocknung zu vermeiden, sondern viele dieser Pflanzen ätherische Öle ab, die sich in einer einzigartigen Duftexplosion entladen und anschließend zum ausgeprägten Macchia-Aroma vereinen.

*Le maquis*, die Macchia, konnte sich einen großen Teil von Korsika zurückerobern; ihre Ausdehnung hat sich durch die Landflucht der Bevölkerung in den vergangenen hundert Jahren beinahe verdoppelt. Der Exodus begann bereits mit Napoleon, der Zehntausende seiner Landsleute rekrutierte und gefallen auf den Schlachtfeldern Europas zurückließ. Industrielle Revolution und zwei Weltkriege führten zur weiteren Ausblutung der Bergregionen. Deshalb präsentiert sich ein großer Teil der Insel jetzt als struppiges, wildes und vor allem verwildertes Land, eine vormalige Kulturlandschaft, deren verwehte Spuren manchmal noch zu erkennen, oft nur noch zu erahnen sind.

Irgendwo im südlichen Bergland von Taravu fahren wir über eine schier endlose Serpentinenstraße, alle zehn Minuten oder noch seltener begegnet uns ein Auto. Von Zeit zu Zeit taucht ein Dutzend Häuser auf, die Hälfte davon steht leer, die meisten anderen haben die Fensterläden geschlossen. Eine Kirche sucht man oft vergeblich. Die Sonne scheint, kaum ein Geräusch ist zu hören, in der mittäglichen Stille schleicht bloß ein dürrer Hund an einer Hauswand entlang. Wir kommen uns leicht verloren vor, und dann stehen wir plötzlich doch vor einer namenlosen *ferme auberge*, einem ländlichen Gasthaus, in dem zu unserer Überraschung jeder Platz besetzt ist. Rotwein steht auf dem Tisch, dazu eine Platte mit *charcuterie corse*: Würste, Schinken, herzhafte Terrinen. Monsieur Andreucci, der Wirt, sitzt inmitten einer französischen Reisegruppe, erzählt Geschichten, lässt sich und seine Kochkunst feiern, die Stimmung bordet über. Bei Essen und Wein scheinen sich auch die Ressentiments, die es angeblich zwischen Korsen und Festlandfranzosen gibt, in nichts aufzulösen. Eine Speisekarte sucht man vergeblich, mittags und abends wird jeweils ein festes Menü angeboten. Monsieur und Madame Andreucci servieren vorwiegend eigene Produkte aus Garten und Keller, und was sie nicht selbst erzeugen, bestellen sie beim Nachbarn oder bei einem Bekannten. Es geht hier fast immer noch zu wie im 19. Jahrhundert, als sich die Bauern in den korsischen Bergen mit Tauschhandel über Wasser hielten und ein Kilo Honig gegen ein Kilo Käse oder einen Liter Olivenöl eintauschten.

Um den Tourismus auch abseits der Küsten zu fördern, hat man jetzt acht *Routes des Sens Authentiques* eingerichtet, auf Korsisch *Strada di i Sensi* – kulinarische Routen, die den Duft und den Geschmack Korsikas populär machen sollen. Entlang der drei Routen »I Trè Vaddi«, »Taravu« und »Alta Rocca«, die den Süden der Insel erschließen, treffen wir immer wieder auf ungewöhnliche einheimische Produkte, von denen selbst französische *connaisseurs* kaum je gehört haben, die sie lange Zeit wahrscheinlich auch gar nicht zur Kenntnis nehmen wollten. Véronique Leoni zum Beispiel stellt in ihrer Casa di a Castagna hausgemachte Kastanienkonfitüre und glacierte Maronen her. Neuerdings, so erzählt sie, wird in den Dörfern auch wieder häufiger mit dem traditionellen Kastanienmehl gebacken. Das Weingut Clos Capitoro keltert die einheimische Sciacarello-Traube zu einem hellen Rotwein, der dennoch würzig und erdig schmeckt. Im Gasthaus U Prunelli vor den Toren von Ajaccio probieren wir dunkles Kastanienbier und zwei Biere mit Macchia-Aroma: »Blonde à l'Arbouse« und »Ambrée à la Myrte«. Fast überall bekommen wir das heimische Mineralwasser von St. Georges angeboten, selbstbewusst mit dem Etikett »acqua linda di i nosci muntagni« versehen. In manchen Gasthäusern gibt es sogar »Corsica Cola«, die sich durch einen stark hervortretenden Vanillegeschmack auszeichnet. Auf der Passhöhe von Gradello essen wir in einer rustikalen Herberge hausgemachte Wildschweinterrine, und bei Madame Andréani in Filitosa probieren wir *oliu di Corsica*, kalt gepresstes Olivenöl.

Die Einrichtung der kulinarischen Routen soll

den Trend zur Existenzgründung in den beinahe menschenleeren Gebieten unterstützen und mehr Besucher zu Ausflügen von den Stränden ins Inselinnere locken. Sie ist gleichzeitig die konsequente Fortsetzung einer Strategie, die Korsika bislang von den Auswüchsen des Tourismus an der französischen Mittelmeerküste verschont hat. Schon in den siebziger Jahren haben sich die Korsen gegen die Förderung des Massentourismus entschieden. Militante Autonomisten haben dies auch gelegentlich mit nächtlichen Bombenanschlägen auf Hotelbaustellen unterstrichen. Ob wegen der zurückhaltenden Politik der Regionalregierungen oder wegen der Attentate – Korsikas gesamte Küstenlinie außerhalb der Städte ist bis heute kaum verbaut. Inzwischen verbietet die *loi littoral*, ein striktes Küstenschutzgesetz, die Besiedlung der Ufer vollends, sodass die rund sechzig Wach- und Wehrtürme aus der Zeit der genuesischen Herrschaft, die im 15. Jahrhundert rund um die Insel aufgestellt wurden, weiterhin die beherrschenden Bauwerke an Korsikas Küsten bleiben.

Die Korsen, so hört und sieht man überall, wollen die touristischen Möglichkeiten ihrer Insel nutzen, ohne deren Seele zu verkaufen. Gerade in den ländlichen Gebieten und bei den selbstbewussten Produzenten heimischer Erzeugnisse ist uns dabei immer wieder ein ausgeprägter Patriotismus begegnet, aber selbst die Anhänger der radikalen »Unione Naziunale« scheinen sich jetzt auf Pflege und Förderung kultureller Besonderheiten zu konzentrieren. Sie sehen deshalb auch in den *Strada di i Sensi* eine patriotische, aber gastfreundliche Offensive und pflegen in ihren Dörfern einen Nationalismus, der schmeckt: Kastanien statt Bomben und Honig statt Hass. Auf diese Weise erhalten die Korsen über den

Tourismus auch erstmals eine wirkliche Anerkennung für ihre Produkte und ihre Eigenheiten statt der lange Zeit gewohnten Missachtung, die ihnen vor allem aus Paris entgegenschlug. Führt das nun auch zu einem entspannteren Verhältnis zu Frankreich? Auf diese Frage haben wir immer nur ausweichende Antworten bekommen. »Ich bin Franzose im Leben«, so fasste es einer unserer Gastgeber diplomatisch zusammen, »und Korse für die Ewigkeit.«

François Andreucci ist ein solcher Korse für die Ewigkeit. Er hat sich als Imker im Dörfchen Zevacu der kulinarischen »Strada Taravu« angeschlossen. In seinem Honig entdecken wir auf seltsam intensive Weise die Gerüche der Macchia wieder. Während anderswo delikate Honigsorten oft von einer einzigen ausgewählten Pflanze stammen, zeichnet sich der *mele di Corsica* durch die Blütenmischung aus, die von den Bienen angeflogen wird und in der mehr als hundert Pflanzen für einen durchdringenden Geschmack sorgen. Qualitätsbewusste Imker kultivieren in der Regel drei Honigsorten: den dunklen, beinahe bitter schmeckenden *miel de maquis de printemps*, einen Frühjahrshonig, der sämtliche Düfte der blühenden Macchia vereint; im Sommer kommt dann vorübergehend der *miel de châtaigneraie*, ein Kastanienhonig, in die Stöcke, bevor wieder die Vielfalt der herbstlichen Macchia einen, diesmal helleren und milderen, *miel de maquis d'automne* hervorbringt. Es ist die Macchia im zähflüssigen Zustand. War der Beruf des Imkers vor einigen Jahren bereits fast ausgestorben, so interessieren sich jetzt auch wieder junge Menschen dafür, denn der Honig ist gefragt und die Preise sind hoch, seitdem eine Kommission das AOC-Qualitätssiegel der kontrollierten Herkunft vergibt. »Unser Honig erhält langsam wieder den Platz, den er verdient«, sagt Monsieur Andreucci, der seinen Bienen ein Leben lang die Treue gehalten hat.

Auch im Käse finden wir die korsische Landschaft wieder. Es sind in der Regel schlichte Produkte ohne große Verbreitung, die von Schäfern und Kleinbauern hergestellt werden. Fragen wir nach einem Namen, bekommen wir meist nur die Antwort »Ziegenkäse« oder »Schafskäse«. Doch dahinter verbirgt sich eine kulinarische Welt. Schon die Rinde erzählt Geschichten aus Korsika: Grau ist sie manchmal und so rau und rissig wie die Felsen im Hochgebirge, mit weißen Flecken wie der Schnee, der dort oben bis in den Frühsommer hinein liegt. Andere Käse sind gelb oder bräunlich, glatt, aufgeraut oder völlig verschrumpelt. Wenn man sie aufschneidet, strömt wieder der Duft der Macchia heraus, diesmal noch herber und strenger als beim Honig, weil andere Kräuter hier offenbar die Mischung bestimmen. »Dieser hauchzarte Duft nach Thymian und Mandeln, Feigen und Kastanien und dieser Hauch von Kiefer, diese leichte Andeutung von Beifuß, diese Ahnung von Rosmarin und Lavendel« – so enthusiastisch bekamen schon die gallischen Helden Asterix und Obelix bei ihrer berühmten Exkursion nach Korsika den Geruch des dortigen Käses angepriesen.

Davon ist freilich noch nichts zu spüren im *brocchiu,* jenem allgegenwärtigen Frischkäse aus Ziegen- oder Schafsmilch, der gern als Grundlage für süße Nachtische verwendet wird, den man aber auch in herzhaft schmeckende Teigtaschen füllt. Der noch milde und zurückhaltende Weichkäse, versetzt mit einer Prise Zucker und einem Schuss Tresterschnaps, war das herkömmliche Mittagessen der

Schäfer und Ziegenhirten. Bei traditionellen Hochzeiten und anderen Feierlichkeiten bekommen die Gäste noch heute eine mit *brocchiu* gefüllte Teigtasche mit auf den Heimweg. Erst im Laufe des Winters reifen die Käse heran und entfalten ihr charakteristisches Macchia-Aroma. Was im Juni und Juli noch nicht verbraucht ist, wird mitsamt der Rinde in einem großen Tontopf vermischt. Kurz darauf setzen sich dann Maden im Käse fest, und erst dann wird er für die Korsen zur großen Delikatesse: *Casjiu merzzu*, den verdorbenen Käse, übergießen sie mit Trester und servieren ihn zu besonderen Gelegenheiten. Dies, so der Wirt des Gasthauses A Pignata in Levie, sei erst richtiger Käse, alles andere bloß »Käse für Schwache und Kranke«. Die Festlandfranzosen haben eine etwas andere Sichtweise: »Ein Käse, der stinkt, ist ein korsischer Käse«, heißt seit jeher ihr abschätziges Urteil, aber dieses Etikett versteht man zwischen Bastia und Bonifacio selbstverständlich als Kompliment.

Ähnlich intensiv riechen und schmecken die Schinken und Würste, die in den korsischen Bergen noch in manchem Bauernhaus zum Trocknen unter dem Dach hängen und von Metzgern in Handarbeit hergestellt werden. Sie stammen vom Fleisch der Schweine, die in den Eichen- und Kastanienwäldern der Insel frei herumlaufen oder sich durch das Macchia-Gestrüpp schnüffeln. Für die Sommermonate werden sie sogar ins Gebirge hinaufgetrieben, bis auf dreizehnhundert Meter Höhe, wie die Alpenkühe auf ihre Almen. Dort streunen sie in der Regel auf kommunalem Land umher, aber selbst private Grundstücke sind hier nicht eingezäunt, sodass sich die Schweine großräumig bewegen können und sich oft auch am Straßenrand sehen lassen. Es sind schwarze, dunkelbraune oder gefleckte Tiere, über deren Wesen sich schon der Wildschweinexperte Obelix bei seinem Abstecher nach Korsika belehren lassen musste: Es handelt sich nicht um »gezähmte Wildschweine«, wie er hoffnungsfroh meinte, sondern um »ungezähmte Hausschweine«. Mit dem Geschmack war er schließlich dennoch zufrieden, denn ständige Bewegung und natürliche Nahrung machen vor allem den luftgetrockneten Schinken zu einer Delikatesse.

Napoleon wird seine Insel also nicht nur wegen ihres Duftes vermisst haben, auch wegen ihrer deftigen, für Fremde manchmal gewöhnungsbedürftigen Kost, die eine geschmackliche Intensität besitzt, die man sonst nur selten findet. Dagegen erscheint die Küche vieler anderer Regionen lasch und fad. Ähnlich mögen die Korsen empfunden haben, die ihr Glück in den vergangenen zweihundert Jahren immer wieder auf dem französischen Festland oder im Ausland gesucht haben. Jetzt freilich scheint dieser fortgesetzte Exodus junger Leute zum Stillstand zu kommen, denn die Insel selbst bietet wieder mehr Chancen als früher. Die riesigen Lücken, die Abwanderung und Armut bis heute hinterlassen haben, werden zaghaft gefüllt. Die Menschen entlang der *Strada di i Sensi* jedenfalls verbreiten Optimismus, und in den Tälern von Taravu haben wir sogar gesehen, dass junge Olivenbäume gepflanzt werden: Weil sie viele Jahre brauchen, um zu tragen, erschien uns dies ein deutliches Signal für das neu erwachte Vertrauen in eine Zukunft von Korsen auf Korsika.

*Volker Mehnert*

# Gerüttelt. Sonst nichts

*Unterwegs in der Champagne, Heimat der besten Schaumweine (und berühmtesten Witwen) der Welt*

Siebenundsiebzig Stufen führen in den Keller der Witwe Clicquot. Dort ist es kühl, fast kalt. Eher Cognac- als Champagner-Klima. Doch zehn Grad sind die perfekte Temperatur für die Reifung der besten aller Prickelbrausen: Champagner. Die *crayères*, von den Römern angelegte Kreidesteinbrüche, liegen zwanzig Meter unter der Erde. Ganz Reims ist unterkellert, von dreitausend »Kreide-Kathedralen«, wie sie ehrfürchtig genannt werden, verbunden durch fünfundzwanzig Kilometer Stollen. Damit sich niemand verirrt, sind die *crayères* nummeriert. Vierzig Millionen Flaschen lagern allein in den Gängen und Gewölben der berühmten Witwe.

»Ich trinke ihn, wenn ich froh bin und wenn ich traurig bin. Manchmal trinke ich davon, wenn ich allein bin; und wenn ich Gesellschaft habe, darf er nicht fehlen … Und bei allen anderen Gelegenheiten trinke ich ihn nicht, es sei denn, ich habe Durst«, so formulierte ihre Kollegin, die Winzerin Elisabeth Bollinger, die goldenen Regeln für den korrekten Champagnergenuss. Sie haben bis heute Gültigkeit, sind aber nur schwer zu befolgen, wenn man nicht eine eigene Kellerei besitzt wie Madame. Doch die Besitzenden teilen gerne. In der Champagne, einer lieblichen Landschaft aus Weinbergen, Schlössern und alten Städten wie Reims und Troyes, liegt eine Kellerei neben der anderen.

An den Weinbergen vor der Stadt stehen die Namen der großen *maisons* in Steine gemeißelt; an jedem Gehöft lädt ein Schild Besucher, anzuhalten und zu probieren. Es ist ein Spiel, an dem man rasch Gefallen findet: Floral ist der eine, im nächsten glaubt man, Nüsse oder gar Schokolade zu erschnuppern. Die Suche nach dem Lieblingschampagner ist ein schönes Ziel für ein paar Schlemmertage in Frankreich.

Fünftausend Winzer stellen Champagner her; oft sind es nur ein paar Tausend Flaschen, der Rest der Lese wird an andere Produzenten verkauft. Die Avenue de Champagne in Epernay, der Hauptstadt des Champagners, ist die Adresse der berühmtesten Winzer der Welt von Heidsieck bis Moët et Chandon. Links und rechts stehen hier Firmensitze wie Schlösser und erzählen vom Wohlstand, den die rund zweihundertachtzig großen Champagnerhäuser, die neunzig Prozent des Exports erledigen, einbringen.

Barbe-Nicole Clicquot, geborene Ponsardin, die »Grande Dame de la Champagne«, residierte in einem repräsentativen Anwesen im Stadtzentrum von Reims – heute Sitz der Handelskammer – und im zwischen Weinbergen gelegenen Schlösschen Boursault. Gerade siebenundzwanzig war sie, als ihr François am »bösen Fieber« starb. Nun war sie allein mit ihrer kleinen Tochter Clementine. Doch bekanntlich gibt es zwei Mittel gegen Herzeleid: Arbeit zur Ablenkung, Champagner zum Mutschöpfen. Die junge Witwe verband beides miteinander. Gegen den Willen ihrer Schwiegereltern und zum stirnrunzelnden Staunen der Gesellschaft von Reims übernahm sie 1805 den Weinhandel ihres Mannes.

Zuvor hatte die Kaufmannsgattin nie gearbeitet;

jetzt wurde sie eine der ersten Geschäftsfrauen Frankreichs. Langsam heilte das Herz der jungen Witwe. Sie kaufte ein Haus nach dem anderen, um immer mehr Keller in ihren Besitz zu bringen, und feilte mit Eduard Werlé, ihrem Teilhaber aus Deutschland, an Marke und Legende.

Die Korken des Hauses zeigen sie bis heute als schwarzgewandete Matrone mit züchtiger Haube. Kein Jugendbild hat überdauert. Eitel war die Witwe nicht. Dafür besaß sie Instinkt und Geschäftssinn. Handel mit Russland? *Mais non*, hieß es in Frankreich nach den napoleonischen Kriegen. *Bien sûr*, sagte sich Madame Clicquot. Nicht zum Nachteil ihres Hauses: Bis zum Ersten Weltkrieg gingen achtzig Prozent der Flaschen an die Wolga. Womöglich lag es an geschickter Vorarbeit: Schon als es während des Krieges eigentlich unmöglich war, Champagner zu verschiffen, gelang es ihr, das britische Embargo zu unterlaufen und ihre Flaschen außer Landes zu schmuggeln.

Madame Pommery, eine weitere namhafte Winzerin aus Reims, kreierte im 19. Jahrhundert den trockenen *brut*. Seit den Zeiten von Dom Pérignon, jenem Benediktiner-Mönch, der den Champagner erfand (und der der Top-*Cuvée* von Moët et Chandon den Namen gegeben hat), wurde Champagner süß getrunken. Man reichte ihn am liebsten zum Dessert – und brachte sich dabei um manche Freude. Frau Pommery, die mit neununddreißig Jahren die Kellerei ihres verstorbenen Mannes Louis Alexandre übernommen hatte, steigerte nicht nur die Produktion von hunderttausend Flaschen im Jahr auf stolze zwei Millionen. Sie besaß auch sicheren Geschmack und den Mut, der süßen Note abzuschwören.

Für den König der Schaumweine gelten strenge Gesetze. Nur Trauben aus dem bezeichneten Anbaugebiet dürfen zu Champagner werden. Gelesen wird von Hand: Pinot noir, Pinot Meunier und Chardonnay. Das bedeutet nicht, dass jeder Tropfen gleich schmeckt – im Gegenteil. Einzig beim »Vintage Champagner«, der aus Weinen eines herausragenden Jahrgangs entsteht, stammen alle Komponenten aus derselben Lese. Die übrigen *cuvées* werden verschnitten – aus Weinen verschiedener Dörfer, Lagen und Trauben eines Jahres sowie aus den »Reserven«, die oft schon Jahre lagern.

Die Chardonnay-Traube bringt Frische und Eleganz, Pinot Meunier Fruchtigkeit und Pinot noir Kraft und Körper. An dieser Stelle verlieren sich die Erläuterungen der Führer in Gemurmel. Der Rest ist Schweigen; das Geheimnis der Komposition plaudert niemand aus.

Die Herstellung aber folgt überall denselben Regeln. Sofort nach der Lese werden die Trauben gekeltert. Während der ersten Gärung im Tank wird der Most zu Wein. Nach dem Verschneiden und Zusetzen von Abfülllikör aus gesüßtem und mit Hefe versetztem Wein folgt die Flaschengärung. Solange der Wein Kontakt mit dem Hefesatz hat, reift er. Mindestens fünfzehn Monate Kellerreife sind vorgeschrieben; reift der Wein länger, wird er komplexer.

Vielerorts wird noch von Hand gerüttelt, damit sich die Hefezellen im Flaschenhals sammeln – an dem Pult, das niemand anders als die Witwe Clicquot erfand. Kein Wunder ist es, dass sie hier fast wie eine Heilige verehrt wird. Nicht nur baute sie mit Tatkraft und Weitsicht das eher übersichtliche Geschäft ihres Mannes zum Imperium aus und veredelte ihren Schaumwein zum Synonym für gehobene

Lebenskunst. Quasi nebenbei entwickelte la Veuve Clicquot auch das Rüttelpult – fortan hatte das Luxusgetränk keinen schlierigen Bodensatz mehr, sondern perlte klar ins Glas.

Dennoch wird heute auch in ihrem Haus außer den Magnumflaschen nur die »Grande Dame« von Hand gerüttelt – jene *cuvée*, die aus den besten Weinen außergewöhnlicher Jahrgänge hergestellt wird. Standardflaschen werden maschinell bewegt. Auf den Geschmack hat es keinen Einfluss; tatsächlich rüttelt die Maschine so gleichmäßig, wie ein Mensch es kaum vermag.

Per Überdruck wird der im Flaschenhals angesammelte Hefesatz entfernt, dann die Flasche mit Dosierungslikör aufgefüllt. Champagner ist zum Trinken, nicht zum Sammeln da – ist der Hefesatz weg, entwickelt er sich nicht mehr. Länger als zwei Jahre sollte man sich den Genuss nicht versagen. Nur bei Jahrgangschampagner. Oder aus sentimentalen Gründen.

Die Flaschen des Hauses Duval-Leroy ziert ein von einem Pfeil durchbohrtes Herz. Und in der Tat begann Carol Duval, Chefin des Champagner-Hauses Duval-Leroy in Vertus, ihre Erfolgsgeschichte mit einem gebrochenen Herzen. Auf dem Sterbebett übertrug ihr Mann ihr 1991 das Unternehmen: Hundertfünfzig Hektar Weinberge in einer der schönsten Lagen der Champagne. Heute zählt es zu den führenden *maisons*.

Mit der »Femme de Champagne« hatten die Duvals als letztes gemeinsames Vorhaben eine *cuvée* kreiert, die sich ganz an den Durst der Frauen richtet: überwiegend aus Chardonnay-Trauben des Jahrgangs 1990, die einen feinen, seidigen Geschmack erzeugen, und nur einem kleinen Anteil

Pinot noir; alle aus sechs der prestigereichsten Lagen. Auch die »Femme« von 1995 geriet floral und elegant, mit Untertönen von gegrillter Nuss und einem Hauch von Schokolade. Die »Femme« ist die strahlende Krone des Hauses; ein Champagner, der nur in außergewöhnlich guten Jahren entsteht.

Äußerlich wirkt das Haus Duval-Leroy, als würden hier Kühlschränke hergestellt. Erst die Probierstunde im Separee versetzt in Champagnerlaune. Und die Erläuterungen von Kellermeisterin Sandrine Logette-Jardin: »Mit Champagner als *apéritif* läutet man einen schönen Abend ein«, erklärt sie. Ihr Favorit ist der »Fleur de Champagne Premier Cru«: »Ein Champagner für jede Gelegenheit.«

Dass Frauen nicht nur auf vielen Etiketten, sondern auch in mancher Kellerei präsent sind, ist kein reiner Zufall. Ein sensibler Geruchs- und Geschmackssinn macht sie für die Finessen komplexer Weine und Champagner empfänglich. Während generell gilt, dass der Geruchssinn mit zunehmendem Alter abnimmt, können Frauen in allen Altersstufen mehr Nuancen wahrnehmen als Männer. Dafür gibt es handfeste Gründe: Der Geruchssinn hilft, einen Mann zu identifizieren, der aufgrund der Struktur seines Immunsystems einen brauchbaren Vater für gesunden Nachwuchs abgibt. Jenseits biologischer Notwendigkeiten kann die feine Nase aber auch im Champagnergeschäft von Nutzen sein. Beim Essen und Genießen sowieso.

Dass ganze Menüs von unterschiedlichen Champagnern begleitet werden können, beweisen die Köche der Region. Nicht immer müssen es dabei die großen Namen sein. Die außerhalb Frankreichs weniger bekannten Häuser sind nicht schlechter, sondern kleiner – und ein guter Champagner ist bei ihnen schon ab zwölf Euro pro Flasche zu haben. Zudem sind die Keller so verschieden wie die Champagner, die in ihnen reifen, und manche Plauderei lohnt Umwege. Die kleine Kellerei Robert-Grandpierre in Viviers-sur-Artaut verkauft Trauben an Veuve Clicquot und Moët et Chandon – und stellt selbst dreißigtausend Flaschen im Jahr her, alle von Hand gerüttelt. In Viviers gibt es keine Geschäfte, keinen Bäcker – nur Weinberge, ein Rathaus und ein paar Dutzend Häuser und Höfe. Die hundertfünfundzwanzig Einwohner leben allesamt vom Weinbau. Es ist der perfekte Ort für ein Champagner-Picknick zwischen grünen Hügeln.

Champagner ist nicht nur Leidenschaft, sondern auch Tradition. Newcomer sind die Ausnahme in dem Geschäft, in das viele Protagonisten hineingeboren werden. So wie die Schwestern Caroline und Sévérine Launois, die die seit 1872 bestehende Kellerei Launois Père & Fils in Le Mesnil-sur-Oger in achter Generation führen. In der Côte des Blancs, der Wiege des Chardonnay, schmiegt sich ihre Kellerei zwischen liebevoll gepflegte Weinberge. Die beiden Champagner-Erbinnen probierten den ersten Schluck, bevor sie laufen lernten. Im Winter, der Hochsaison des Champagners, öffnen sie in der Probierstube Flaschen, bis sie Schwielen an den Händen haben. Es macht ihnen nichts: Champagner ist manche Mühe wert. Das glaubt man ihnen sofort. Und ahnt: Immer wird man künftig zusammenzucken, wenn die Sieger der Formel Eins damit wieder einmal nichts Besseres anzufangen wissen, als ihn einander über die Köpfe zu schütten.

*Stefanie Bisping*

# Vom Löffel geschleckt

*Die Konfitürenkönigin und ihr süßes Reich*

Oft verwandeln sich die simpelsten Gegenstände in eine Zeitmaschine nach dem Wells'schen Prinzip. Der nostalgische Duft von Tosca, ein Porzellantöpfchen mit Liebig-Fleischextrakt oder ein handgroßer Wäschesprenger aus Bakelit – nicht mehr als ein vager Geruch – und doch nehmen sie uns Jahrzehnte mit zurück.

In die Zeit, als Weckgläser noch in den Kellern standen und die Einkochhilfe mehr als eine Reminiszenz an die schönen, alten Dinge war. Damals gab es Hausfrauenmarmelade, in einem Gläschen mit Schraubverschluss und einem handgeschriebenen Schildchen darauf. Keiner zerbrach sich über die handelsrechtliche Unterscheidung von süßen Aufstrichen den Kopf, bis die EU eine neue Sprachregelung fand: Marmelade darf nur noch heißen, was aus Zitrusfrüchten wie Orangen, Zitronen oder Grapefruits besteht. Konfitüre indes wird aus allen anderen Obstsorten kredenzt.

Lukullische Genüsse? Lucull, römischer Feldherr aus dem ersten Jahrhundert, der weniger wegen seiner Feldzüge, sondern eher aufgrund seiner üppigen Festgelage in die Historie einging, hätte sich nach Exquisiterem gesehnt.

Aromen, Gewürze oder besondere Frische interessierten ihn. Lukullische Ansprüche, denen sich auch Christine, die Chefin einer kleinen Konfitürenmanufaktur, verschrieben hat.

Ihr Haus schlummert hinter einer Rosenhecke, einer Woge weiß blühender Glyzinien und kniehohem Farn. Ein Dornröschenschloss in Niedermorschwihr, einem elsässischen Dorf, wo sich saftig grüne Weinstöcke in den Himmel recken und die Fachwerkhäuser wie aus Lebkuchen gebaut entlang der Dorfstraße stehen.

Christine Ferber, eine junge Frau mit dunklem Haar, ist des Dörfchens prominenteste Einwohnerin. Mehrmals wurde die *pâtissière* ausgezeichnet für ihre größte Leidenschaft: *mes confitures*. Sie ist Frankreichs ungekrönte Konfitürenkönigin, eine Künstlerin des unwiderstehlichen Geschmacks. Doch obgleich sich Franzosen von Strasbourg bis Bordeaux nach ihren Kreationen die verwöhnten Fingerspitzen lecken, scheut sie das Rampenlicht, anders als der lyonesische Kochlöwe Paul Bocuse. »Unter Köchen und *pâtissiers* herrscht eine enorme Konkurrenz«, befindet Christine, »wenn man als Frau in diesem Gewerbe tätig ist, steht man unter großem Druck.« Sie zupft ein paar gelbe Blättchen von den Rosen. »Ich habe an Auszeichnungen und Wettbewerben wenig Interesse. Ich zeige Ihnen den Grund.«

Ein paar Schritte nur sind es zu ihrem süßen Reich, einem kleinen Betrieb, der sich in der dörflichen Konditorei ihrer Eltern versteckt.

Kein Fließband, keine Werkhalle, keine waschkesselgroßen Töpfe warten hier. Eine klimpernde Türglocke, dann ein bescheidener Verkaufsraum, in dem sich neben Konfitürenregalen Gebäck, frisches Brot, Obst und eine Auswahl von Zeitschriften findet. Gleich dahinter das »Laboratorium«. Ein sonniger Raum, in dem eine Schar junger Damen, in weißen Schürzen und mit akkurat sitzenden Häubchen im Haar, der Chefin harrt. Vor ihnen sind üppig gefüllte Körbe mit Brombeeren aufgebaut. Früh am Morgen wurden sie gepflückt, ein paar Stunden später mit eingefärbten Fingern verlesen. Von Zucker begleitet, kullern sie in einen Kupfertopf. Nur kurz rumort das Mus, zieht der herb-fruchtige Duft in Schwaden durch den Raum, dann wird es samtrot abgefüllt.

Ein Vorgang, der so alt ist wie die Menschheitsgeschichte. Schon Plinius empfahl als natürliches Medikament gegen Unwohlsein in Honig gekochte Quitten.

Später blieb die Marmelade – wie alles Süße, Anregende und im weitesten Sinne Genussbereitende – ein für die Aristokratie reserviertes Luxusgut. Kaiser Maximilian I. veranlasste die berühmte dort ansässige Konfitürenproduktion nach seiner Heirat mit Maria von Burgund, längere Zeit in den belgischen Städten Gent und Brügge zu verweilen. 1544 gab dann ein Autor namens Walther Ryff ein Buch mit achtzig Rezepten zur Sirup- und Marmeladenherstellung heraus.

Kann man dieser Tradition noch etwas Neues bieten? Christines Erfolgsgeschichte begann erst vor wenigen Jahren. Sie hatte ein paar Gläschen eingekocht, die weniger zum Probieren, denn zum Dekorieren des elterlichen Schaufensters gedacht waren. »Damals thronte in den meisten Familien noch die ›Bonne Maman‹ auf dem Frühstückstisch«, erinnert sie sich. Die Aufstriche hatten süß und gehaltvoll zu sein, die gängigsten Sorten strahlten in Rot und Gelb. Eingeschüchtert von so viel Industrieprodukt, verlangte sie vom ersten Kunden, der eines ihrer Gläschen erwerben wollte, gerade ein paar Francs.

Der Kunde kam zurück und mit ihm ein ganzer

Tross – sie alle sehnten sich nach mehr. So begann sie mit Obstsorten und Rezepten zu experimentieren, erweiterte später das Programm, rührte süß-saure Früchte und kochte Chutneys passend zu Käse oder Pasteten ein.

Das Geheimnis? Ist bis heute die Frucht. Nur frische Ware aus dem Elsass darf es sein. Die *myrtilles des bois d'Alsace*, würzige Waldheidelbeeren. Die süßen Himbeeren, die *framboises d'Alsace*, oder die unvergleichlich aromatische *pêche des vignes*, ein glutroter Weinbergpfirsich, der nur in wenigen Gärten überlebte, da er keine großen Erträge erzeugt, aber ein geradezu sinnbetörendes Aroma hat.

Christine wählt die Früchte und kombiniert sie mit Kräutern, Blütenblättern und Gewürzen wie ein Parfumeur. Minzig mit fruchtig, zitrusartig mit Karamell, würzig mit blumig, sinnlich mit herb. Wie von Zauberhand entstehen Zwetschgen mit Vanille, weiße Kirsche mit Pfefferminze, Wildapfelgelee mit Zimtrinde oder schwarze Johannisbeeren mit Pinot noir.

Über hundertsechzig Sorten hat sie inzwischen kreiert, jede Saison inspiriert zu einem neuen Rezept. Mehrere Bücher von ihr sind mit Rezepten, ja, ganzen Anthologien zum Thema gefüllt.

Die Schätze schlummern derweil in Zweihundertfünfundzwanzig-Gramm-Gläschen, mit einem rot-weiß karierten Tüchlein versehen, im Kühlraum der Konditorei. Rund vierzigtausend Töpfchen entstehen im Jahr. »Eine Zahl, die Unternehmer nur milde lächeln lässt«, gibt Christine zu, »aber ich denke nicht in Massen, ich möchte kein Industrieprodukt.«

Auch die Vergrößerung ihres Laboratoriums ist nicht vorgesehen. In dem kleinen Raum hinter der

Backstube bestimmen immer noch die Früchte den Ertrag. »In diesem Jahr bekamen wir nur fünfzehn Kilogramm Stachelbeeren – die anderen waren einfach nicht gut genug, also gibt es nur ein paar Gläser.«

Eine limitierte Konfitürenedition, die unter Kennern wie der vielversprechende Jahrgang eines Spitzen-Bordeaux gehandelt wird. Kein Zufall, denn Konfitüre hat einiges gemein mit Wein. Nicht nur, weil sie bei vierzehn bis achtzehn Grad Celsius serviert am besten schmeckt, sondern weil die Qualität der Früchte, die sorgfältige Behandlung, der Boden und das Klima den Erfolg bestimmen.

Gäbe es eine Firmenphilosophie, so könnte sie für die Manufakturistin lauten: Alles braucht seine Zeit. »Die Früchte müssen in Ruhe ausreifen, wir nehmen uns Zeit, sie zuzubereiten.«

Ja, und der Kunde? »Ich habe gehört, die meisten meiner Aufstriche kommen gar nicht aufs Brot, sondern werden pur vom Löffel geschleckt.«

*Inken Herzig*

# Ein Vermächtnis für mehrere Generationen

*In der alkoholgeschwängerten Luft der Cognac-Region*

Max Cointreau, der fast hundertjährige Patriarch der Domaine Frapin, ist eine Symbolfigur des Cognacs. Er altert mit seinen edlen Weinbränden um die Wette, und weil die ganz raren Tropfen, die seit dem Ende des 19. Jahrhunderts im Keller lagern, rasch zur Neige gehen, hat er gute Chancen, sie zu überleben. Wer, wenn nicht Monsieur Cointreau, könnte also glaubhafter von der Langlebigkeit und Qualität der besten Destillate schwärmen, die nach siebzig Jahren im Fass ihren Höhepunkt erreichen und dann, abgefüllt in der Flasche, praktisch endlos haltbar sind?

In einer einzigen Lebensgeschichte manifestiert sich in seinem Fall die Produktionsspanne eines herausragenden Cognacs, die normalerweise drei oder vier Generationen übergreift. Was der Großvater einst destilliert hat, was vom Vater gepflegt und gehütet wurde, können die Söhne oder Enkel schließlich zur Abrundung in ihre allerfeinsten Cognac-Verschnitte einfließen lassen. Der fertige Cognac hat deshalb in der Regel kein definierbares Alter. Erwähnt wird höchstens das jüngste Destillat; ansonsten ist er eine Assemblage, die ebenfalls über Generationen hinweg komponiert wurde und über deren Details es manchmal nur fragmentarische Aufzeichnungen gibt. Die moderne Gesellschaft mag ihren Lebensrhythmus immer mehr beschleunigen, beim besten Cognac hingegen zählt nur Geduld. Monsieur Cointreau hat sie bewiesen und hinterlässt deshalb ein Vermächtnis für ein weiteres Jahrhundert.

»Am Tag meiner Geburt hat die Beschäftigung mit dem Cognac begonnen«, sagt der alte Herr, und das ist nicht einmal übertrieben. Denn auf den Cognac-*Châteaux* dringt der verdunstende Alkohol aus den Kellern heraus in jedes Zimmer und in jede Ritze. Schwarz sind die Fassaden der Häuser und Landgüter, weil sich auf ihnen die Torula compniacensis festsetzt, ein alkoholsüchtiger Pilz, der sich von den Cognac-Dämpfen prächtig ernährt. Man erkennt deshalb schon von Weitem, wo Cognac destilliert und gelagert wird. Und je mehr man sich den Kellern und den Fässern nähert, aus denen der Alkohol langsam entweicht, desto schwammiger wird die Pilzschicht. Eine Branntweinmenge von zwanzig Millionen Flaschen verdunstet jährlich durch die Poren der Holzfässer. Dieser »Anteil der Engel« ist also einer der wichtigsten Konsumenten von Cognac, und auch wenn die Himmlischen nichts zahlen, wollen die Produzenten sie doch keinesfalls missen. Denn die Verdunstung trägt entscheidend zum langsamen Reifeprozess und zur geschmacklichen Abrundung des Branntweins bei.

Wegen des Pilzbefalls erinnert das Städtchen Cognac in großen Teilen nicht an eine Weinbaugemeinde, sondern an eine Bergarbeitersiedlung, die vom Kohlenstaub überzogen ist. An den düsteren Häuserzeilen und Fassaden am Ufer des Flüsschens Charente scheint sich der Niedergang des französischen Landadels, die diskrete Existenz verarmter Aristokratie widerzuspiegeln. Aber natürlich präsentierte sich die Cognac-Metropole bereits vor dreihundert Jahren, zur Blütezeit des französischen Absolutismus, auf edle Weise verschimmelt. Geblieben ist bis heute neben dem schwarzen Pilz der zurückhaltende Charme einer Provinzstadt, deren architektonische Besonderheiten sich im wuchtigen Bau des Château de Cognac, den mittelalterlichen Fachwerkhäusern der *vielle ville*, der großartigen Rosette im Portal der Kirche Saint-Léger sowie der modernen Eisenkonstruktion der Markthalle erschöpfen.

Auch in der hügeligen Kernzone des Cognac-Anbaugebiets, wegen der kalkhaltigen Böden Grande und Petite Champagne genannt, fühlt man sich in eine provinzielle Vergangenheit zurückversetzt. Das Weinbaugebiet ist eines der schönsten und verträumtesten in ganz Europa. Weingärten, schmale und kurvenreiche Landstraßen, winzige Dörfer und verstreute Höfe addieren sich zu einer malerischen Kulturlandschaft. Es ist ein gesegneter Landstrich, in dem man es sich sogar leisten kann, einen Teil der besten Kalkböden nicht mit Reben, sondern mit Weizen und Sonnenblumen zu bepflanzen und so kreuz und quer über die Hügel einen grün und gelb durchwobenen Agrarteppich auszurollen. Sechstausend Winzer sind hier ansässig; fünfhundert destillieren und vermarkten ihren eigenen Cognac, der Rest verkauft an die zweihundert Handelshäuser. Die Winzer bauen fast ausschließlich Trauben der Sorte Ugni Blanc an, die einen schrecklich sauren Wein hervorbringen, der sich aber hervorragend für Destillation und Alterung eignet. Zehn Liter minderwertiger Wein ergeben einen Liter feinstes Destillat.

Gott in Frankreich lebt an vielen Orten; ob er allerdings auch in Cognac einen Sitz hat, ist umstritten. Denn ausgerechnet eines der edelsten Produkte der *Grande Nation* wird von den Franzosen selbst regelrecht verschmäht. Weniger als fünf Prozent der gesamten Cognac-Produktion werden in Frankreich selbst getrunken, und in der Cognac-Region liegt der Konsum sogar noch unter dem französischen Durchschnitt. Doch damit haben die Winzer und Destillateure seit Langem leben gelernt; schließlich war der Cognac von Anfang an hauptsächlich ein Exportprodukt. Seit dem 17. Jahrhundert wurde der zweifach destillierte »Brandwijn« in Fässern in die Niederlande verschifft. Später gründeten angelsächsische Kaufleute in Cognac Kontore und Handelshäuser, die zum Teil noch heute bestehen.

Der Exportmarkt freilich stand immer auf wackligen Füßen. »Zwei guten Jahren folgen in der Regel fünfzehn Jahre Krise«, sagt der Winzer und Destillateur Paul-Jean Giraud, der im Dörfchen Bouteville einige der besten Lagen der Grande Champagne besitzt. Er ist ein Einzelgänger, dessen mehr als fünfzig Jahre alte Brennblase in einem alten Schuppen steht und der sich nicht um die übliche Assemblage kümmert, sondern seine Cognacs jahrgangsweise abfüllt. Er sieht sich deshalb nicht als Kellermeister, sondern als Winzer, der in einem kleinen Dorf ein regionales, höchst seltenes Produkt herstellt: *Cognac de terroir*.

Das gängige Jammern der kleinen Winzer formuliert er vielleicht ein wenig überspitzt, aber auch die Statistik spricht über Boom und Krise eine ähnliche Sprache: Mitte des 19. Jahrhunderts waren in Cognac zweihundertachtzigtausend Hektar mit Reben bestockt, heute ist nur noch ein Viertel davon übrig. Der letzte große Einbruch fand in den neunziger Jahren des vorigen Jahrhunderts statt, als der Absatz in Europa und Asien einbrach und man schon über das unrühmliche Ende eines ruhmreichen Getränks spekulierte. Die ganze Region stand kurz vor dem Ruin.

Gerettet wurde die französische Branntwein-Ikone, die man landläufig mit älteren Herren im Ledersessel vor dem Kamin in Zusammenhang bringt, von einem verblüffenden Trend in Amerika. Ausgerechnet die afroamerikanischen Rapper verfielen auf der Suche nach Statussymbolen, die ihren Aufstieg aus dem Ghetto zu erfolgreichen Millionären demonstrieren sollten, auf den Cognac. Weil sie in Songs wie »Pass the Courvoisier« oder »Hennessy and Buddha« ihr Lieblingsgetränk besangen und ein Rapper wie Jay-Z schon mal an einer fünftausend Dollar teuren Flasche »Louis XIII« von Rémy Martin nippt, wurde der Cognac in der Hip-Hop-Szene zum Kultgetränk. In wenigen Jahren verdreifachte sich der Export nach Amerika, das jetzt der wichtigste Markt für Cognac ist. Und die Afroamerikaner sind dort für fünfundachtzig Prozent des Konsums verantwortlich.

Michel Vallet, der Besitzer von Château de Montifaud in Jarnac, lebt in einer völlig anderen Welt. Zwar produziert er ebenfalls hochwertige Brände wie den »Héritage Maurice Vallet«, eine Hommage an seinen Großvater mit Destillaten aus den Jahren 1888 bis 1904, doch mit aufdringlichen Statussymbolen kann er ebenso wenig anfangen wie mit den Rhythmen des Hip-Hop, und die englischsprachigen Texte versteht er schon gar nicht. Dass musikalische Emporkömmlinge aus der Neuen Welt einem traditionellen französischen Getränk mit angestaubtem Image zur Renaissance verholfen haben, ist auch für ihn ebenso unbestreitbar wie kurios. Jetzt hat er sogar Lieferschwierigkeiten, weil der Cognac-Boom diesmal offenbar nicht nur zwei Jahre anhält.

Auch in Russland, China und Südostasien werden nämlich teure Cognacs zunehmend zum Statussymbol, und der einfache Mann möchte dort durch den Kauf jüngerer und weniger kostspieliger Destillate am neuen Trend zum klassischen Branntwein teilhaben. Die Preise für junge Destillate haben sich deshalb inzwischen verdreifacht, und nach mehreren Wachstumsjahren hintereinander erzielte Cognac 2007 das beste Verkaufsergebnis seit der Einführung der kontrollierten Ursprungsbezeichnung im Jahr 1936. Neue Weinberge dürfen trotzdem nicht bepflanzt werden; zu tief stecken die Tage der Überproduktion in den Knochen. Auch Monsieur Vallet hofft, dass die nächste Krise nicht zu bald hereinbricht.

Der internationale Erfolg zeigt inzwischen zu Hause seine Wirkung. Das Image des Cognacs wird jetzt auch vor Ort kräftig herausgeputzt. Das neue Musée des Arts du Cognac präsentiert, wenn auch etwas steril und uninspiriert, jedes Detail des Weinbaus, der Destillation und der Vermarktung. Im Zentrum der Stadt expandiert die Cognathèque, ein Cognac-Universum, das auf wenigen Quadratmetern vierhundert Cognacsorten verkauft. Es ist das weltweit vielfältigste Angebot; vorhanden sind alle Geschmacksrichtungen, Qualitäten, Alterstypen und Terroirs. Ein Blick auf die Regale macht deutlich, dass sich die Hersteller beim Flaschensortiment mit hochmodernem Design ein zeitgemäßeres Image zulegen. In Bars und Restaurants kann man sich exotische Cocktail-Kreationen bestellen, die wie der »Summit« zum Beispiel mit Limonen, frischem Ingwer, Zitronenlimonade und Gurkenschale die aktuellen Trends der internationalen Barszene aufnehmen und fortschreiben.

Passé ist auch der traditionelle Cognacschwenker, in dem sich das Aroma weitaus weniger entwickelt als in den neuen Tulpengläsern. Und vom

Anwärmen des Cognacs, gar mit einer Kerze, will gleich gar niemand mehr etwas wissen. Raumtemperatur gilt als optimal, und schon eher probiert man gelegentlich einen Cognac aus dem Tiefkühlfach. Die Winzer experimentieren sogar mit einer neuen Rebsorte, Follignan, die eines Tages vielleicht die Ugni Blanc ersetzen könnte. Bisherige Erkenntnisse lassen vermuten, dass sie auch in heißen Sommern viel Säure produziert – in Zeiten der Erderwärmung ein wichtiger Faktor. Manche Weinbauern pflanzen schon auf zehn Prozent ihrer Flächen die neue Rebe an. Ob das aber wirklich sinnvoll ist, werden spätere Generationen entscheiden.

Die großen Handelshäuser werben auf ihre Weise vor Ort um Besucher. Eine formvollendete Schau zum Thema Cognacflasche präsentiert die Boutique von Hennessy am Ufer der Charente. Zwischen die mittelalterlichen Mauern wurde ein helles, futuristisches Gebäude gesetzt, in dem die Cognac-Kreationen wie in einer Galerie auf gläsernen Würfeln und in Vitrinen ausgestellt sind. Ein »XO Methusalem« in der Sechs-Liter-Flasche steht in einem eigens konstruierten Metall-Reisekoffer, und der fast unbezahlbare »Beauté de Siècle«, bestehend aus hundert verschiedenen Destillaten seit 1907, präsentiert sich auf einer silbernen Likörtruhe. Bei Camus kann man an einer Besichtigungstour teilnehmen, zu deren Abschluss jeder Teilnehmer Kellermeister spielen und seine eigene Assemblage herstellen kann. Ein kleines Fläschchen des persönlichen Cognac-Verschnitts darf man mit nach Hause nehmen. Die Tour bei Rémy Martin endet mit einer Verkostung von verschiedenen Cognacs, zu denen geschmacklich passend Räucherlachs, *foie gras* und Schokoladentörtchen serviert werden.

Die immer ausgefeilteren Anstrengungen um den Besucher in allen Ehren – aber die größten Attraktionen in der Cognac-Region sind steinalt und verstecken sich meist unter der Erde oder in vermoderten Gewölben. Dort nämlich hütet jeder Cognac-Produzent sein ganz privates *paradis*: einen düsteren, feuchten Keller, in dem seine ältesten Tropfen lagern. Fingerdicker Schimmel klebt an den Wänden, kunstvolle Spinngewebe verhüllen Holzbalken und Fensteröffnungen, die alkoholisierte Luft verschlägt einem den Atem. Auf den ersten Blick mag dieses Paradies eher an eine unheilschwangere Unterwelt erinnern – wenn man nicht wüsste, was hier wirklich aufbewahrt wird: In jahrzehntealten Fässern, ebenfalls schwarz vom Schimmel, erreichen jahrzehntealte Destillate ihre endgültige Finesse, und in verstaubten »Dame Jeannes«, Ballonflaschen mit fünfundzwanzig Litern Inhalt, lagern die kostbarsten, schon fertig gereiften Flüssigkeiten, manche mehr als hundert Jahre alt. Da mag es überirdisch mit automatischen Pressen, temperaturkontrollierten Edelstahltanks und nagelneuen Barriques noch so technisiert zugehen, im allerheiligsten Branntweinkeller wabert der Hauch von Jahrhunderten, konzentriert sich das Wesen des Cognacs.

*Volker Mehnert*

# Knusprig muss sie sein ...

*Ob Ente, Gans oder Fasan – alle fliegen auf Glassers Pasteten*

Mitten in der *vielle ville*, in der Altstadt von Colmar, thront des Pastetenmachers Domizil. Ein altes Haus, so knorrig und knusprig, dass man vor seinen Schaufenstern wohlig innehält. Wahr gewordenes Schlaraffenland! Berge duftender *patés* schlummern dort ab dem frühen Morgen und sind spätestens am Nachmittag wie von Zauberhand verschwunden.

Olivier Glasser ist ein Pastetenmacher, wie man ihn sich wünscht. Einer, der aussieht, als käme er schnurstracks aus dem Märchen. In einer weißen Kochjacke, mit aufgeräumt-heiterem Gesicht, regiert er über eine Institution. Ein Laden, der nicht größer ist als eine säuberlich aufgeräumte Garage. An den blitzweiß gekachelten Wänden baumeln Schinken und Würste, in den Vitrinen schmachten *patés* und *terrines*.

In der dritten Generation ist Glasser der Pastetenmacher der Stadt. Schon sein Großvater stellte die Delikatessen nach geheimen Rezepten her und war der Erste, der die Schlemmerei nach Colmar brachte.

Eine gute Pastete? »Der Rand muss knusprig sein«, beschreibt Olivier Glasser, während er sich die Hände reibt, »eine Entenpastete zum Beispiel wird mit Petersilie und Zwiebeln vorsichtig gebeizt und soll natürlich nach Ente schmecken!«

Er klimmt die steile Stiege zur Küche empor. In dem denkmalgeschützten Haus, das 1381 gebaut wurde und ursprünglich eine Kupferschmiede beherbergte, werden die Pasteten frisch gebacken, etwa zwanzig bis dreißig Stück am Tag.

Nicht ganz ohne Schwierigkeit, denn Küche, Backofen und Kühlkammern sind auf drei Stockwerke verteilt.

»Bei der Herstellung laufen wir immerzu treppauf und -ab«, erzählt Glasser, während er sich durch den schmalen Treppengang schlängelt, »das wäre ein Grund, einen anderen Platz für unsere Produktion zu suchen. Aber ich hoffe, das bleibt uns erspart. Es wäre schade um das alte Haus.«

Noch heute werden die Pasteten nach alter Tradition und den Rezepten des Großvaters hergestellt, jedoch mit Konzessionen an den Zeitgeist. »*Grand-père* benutzte sehr viel Schnaps, das reduzieren wir. Das Schweinefett ersetzen wir durch Butter – es gibt einen feineren Geschmack.«

So entstehen die Königinnen der Pasteten, wie sie schon Zwerg Nase unter dem Namen »Souzeraine« erfand.

Das feine Mus im leichten Teigmantel war für Gourmets immer eine der gefragtesten Speisen. Im Spätmittelalter boten Pasteten dazu noch Unterhaltungswert. Bei Festgelagen verbarg man unter den Blätterteighüllen lebende kleine Singvögel, die beim Anschneiden zur allgemeinen Belustigung durch den Saal schwirrten. Im 14. und 15. Jahrhundert soll es üblich gewesen sein, Zwerge in den essbaren Hüllen zu verstecken. Einmal war es gar ein Comedian-Harmonists-reifes Quartett, das den geladenen Gästen im Knabensopran Couplets entgegenschmetterte.

Gezählt sind die Tage, an denen bei Banketten ein ganzes gebratenes Tier mit Apfel im Maul serviert wird. Opulente Gelage stoßen heute eher ab. Immer mehr Menschen fühlen sich unbehaglich, wenn sie Fleisch, den Geruch von Blut, Innereien oder Knorpel wahrnehmen. Vielleicht ist das eines der Geheimnisse der modernen Pastete. Unter ihrem zart gebräunten Blätterteig wirkt sie wie eine fleischlose Speise. Ist dazu so exklusiv, dass sie kein Allerweltsnahrungsmittel ist. Sie spricht die Sinne an, ohne das Schuldgefühl zu belasten.

Glasser, der seine Ausbildung unter anderem beim französischen Gourmet-Papst Bocuse absolvierte, lässt sich heute auch zu vegetarischen Pasteten inspirieren, beispielsweise in Indonesien. »Die neuen Gewürze reizen mich ebenso wie das Kochen ohne Fett. Ich produziere im Sommer gerne Pasteten ohne Fleisch, nur mit Gemüse, Kardamom, frischen Kräutern und Gewürzen.«

Wichtig für seine Köstlichkeiten ist frische und hochwertige Ware. Die Kräuter und das Gemüse stammen aus dem eigenen Garten. Das Kalbfleisch aus dem Limousin, die Schweine aus dem Elsass, das Geflügel aus Betrieben bei Strasbourg. Die Enten werden aus den Pyrenäen und die Gänseleber aus Israel eingeflogen. »Das Elsass verbraucht bis zu zwölf Tonnen Gänseleber im Jahr, ich verwende ungefähr zweihundert Kilogramm im Jahr«, überschlägt er kurzerhand.

Die Nachfrage nach Gänsestopfleber ist in Frankreich ungebrochen. Schon längst reicht die eigene Produktion nicht mehr für das Verlangen nach der edlen Speise aus. Das Périgord und die Gascogne, Hochburgen der Stopfleberprodukte, stehen immer noch für Qualität, aber die Nachfrage wird zusätzlich durch israelische Produkte abgedeckt.

Das Essen von Geflügelleber hat nicht nur in

Frankreich Tradition: Schon vor viertausendfünfhundert Jahren machten sich die Ägypter den Fresstrieb der Gänse zunutze. Mästeten sie, um später die begehrte Fettleber zu genießen. Auch die Römer waren dem Leckerbissen verfallen. Mit Nudeln aus Gerste, eingeweichtem Weizenbrot, Feigen und Datteln fütterten sie Gänse, Enten und Pfaue an.

Dass das Stopfen der Tiere nicht nur qualvoll, sondern auch unnötig ist, wurde von Wissenschaftlern nachgewiesen. Stellt man Futter in unbegrenzter Menge zur Verfügung, essen sie sogar mehr.

Auch Olivier Glasser ist nicht angetan vom Stopfen. »Aber Frankreich ohne Gänseleber? Das ist einfach nicht vorstellbar, in jedem Land gibt es unsere Gänseleber. Sie ist nicht zuletzt ein wichtiges Exportprodukt.«

Auch die berühmte Gänseleberpastete aus Strasbourg hätte ohne sie nie das Licht der Welt erblickt. Als *Hors-d'œuvre*-Variante erfand sie 1782 ein Koch namens Jean Joseph Close. Sieben Jahre später stellte er in der ersten Pastetenbäckerei Strasbourgs die Feinkost auch dem Volke vor.

Was die Gänseleber-*Paté* für die Europastadt, ist in Colmar die Pastete Bartholdi. Sie wurde von Olivier Glasser höchstpersönlich entwickelt – zu Ehren des Bildhauers Frédéric Auguste Bartholdi. Der Künstler aus Colmar schuf ab 1876 in rund zehnjähriger Arbeit die sechsundvierzig Meter hohe »Lady Liberty«, die Freiheitsstatue für den Hafen von New York.

Die ihm gewidmete Pastete gehört zu den kulinarischen Juwelen in Glassers Auslage: Gefüllt mit einer flockenleichten Masse aus Enten- und Gänseschaum wäre sie den Einzug ins Bartholdi-Museum von Colmar wert.

Berühmt ist Glasser auch für weitere Kreationen. Einzigartig die Pastete mit Pinot noir, Kaninchen, Kardamom und Curry, zu der er einen Gewürztraminer empfiehlt. Ebenso sehnsüchtig erwartet: die *paté* aus Entenfleisch und Nüssen, abgerundet mit dem Beaujolais nouveau, der am 3. November des Jahres wie eine Welle über Frankreich schwappt. »Ich richte mich nach den Jahreszeiten«, erklärt der Pastetenfürst, »leichte Geflügelpasteten mit Spargel und einem Hauch von Muskat im Frühjahr. In der Wildsaison Fasan mit Orangenschale und trockenem Silvaner.«

Ob er die Leckerbissen selbst noch isst? Olivier Glasser schnalzt: »Natürlich, immer wieder! Weihnachten ohne selbst gemachte Pasteten wäre bei uns gar nicht vorstellbar!«

*Inken Herzig*

# Mentons Zitronenblüten

*Okzitanische Spurenlese*

Einen violetten Bougainvilleazweig an den Strohhut gesteckt, keck gezwirbelte Schnurrbartspitzen, lustige Augen. *Voilà* Jean-Mario Médecin, seines Zeichens Agrumenzüchter, der jedes Wochenende vor der Jugendstilmarkthalle von Menton je nach Jahreszeit seine Zitronen, Mandarinen oder Orangen verkauft, aber auch lokale Spezialitäten wie getrockneten Wildfenchel, um darüber Seewolf zu grillen. Der Mann, der an einer Ecke steht, wo Plaketten an historische Marktweiber erinnern, und der gern verwachsene Orangen so anmalt, dass sie ein spaßiges Teufelsgesicht haben, ist schon auf den ersten Blick ein Original, aber er ist mehr. Wo gibt es in der weiten Welt noch einen Obsthändler, der auf dem Verkaufstisch ein Lexikon liegen hat? Monsieur Médecin hat eines, ein dickes broschiertes »Mentonnais-Français«.

Mentonnais? Ganz richtig, das ist die wahre Sprache der Einheimischen, wie man in Nizza Nissart spricht. Der Buchbesitzer aus der Grenzstadt erklärt stolz: »Auch wenn wir bis 1860 zu Piemont gehört haben, unsere Sprache ist nicht Italienisch, sondern Okzitanisch, eng verwandt mit dem Altprovençalischen, der *langue d'oc,* der Sprache der Minnelyrik und der Troubadours im 12. und 13. Jahrhundert, die für ganz Europa vorbildlich wurde. Nur ein paar Wörter klingen wie im Ligurischen. Und überhaupt, Italien hat es damals ja noch gar nicht gegeben, das ist unsere Erfindung. Denken Sie an Garibaldi!«

Im Zuge der Aufwertung der kulturellen Eigenart des französischen Südens durch die Künstlerbewegung Le Félibrige und den Literaturnobelpreis für den Provençalen Frédéric Mistral (1904) wurden auch Nissart und Mentonnais als Literatursprache wiederentdeckt.

»Immer weniger können es sprechen, und hier leben so viele zugereiste Franzosen. Unsere Kinder haben ein paar Stunden, 1977 gab es das erste Schulbuch, ›Lou nissart a l'escola‹, aber es mangelt an Lehrern, nicht am Lehrmaterial. Aber schauen Sie, wir in Menton haben nicht nur unsere Sprache, wir haben auch unsere Zitronen. Und die verdienen es auch, dass man sie rettet. Vor fünfzig Jahren hat es noch über fünfzigtausend Zitronenbäume gegeben, jetzt gerade mal fünftausend.«

Rettung in letzter Minute erhoffen sich die Zitronenpatrioten des Grenzstädtchens durch ein Anerkennungsverfahren bei der EU als IGP (*Indicateur géographique protégé*) für die kleinen *citrons de Menton* mit der aromatischen Schale, deren Export 1495 zum ersten Mal belegt ist: Damals zahlte der Herzog von Orléans einem gewissen Jérôme Grimaldi zwei Gold-Escus für zwei Ladungen *pommes d'oranges*. Im 17. und 18. Jahrhundert erlassen die damals über Menton herrschenden Grimaldi von Monaco (Prinz Florestan wird 1848 durch die »Zitronenrevolution« vertrieben) eine wahre Flut von Gesetzen, um den blühenden Agrumenexport zu regeln. Nicht weniger als zehn Beamte wachen im *Magistrat des Citrons* über das einträgliche Geschäft. 1811 erntet der Bürgermeister von Menton sechshundertzehntausend Früchte in seinem Garten. Die Zitronenpflückerinnen, die Körbe voller Agrumen auf dem Kopf balancieren, gehören zum malerischen Alltag, dem die ersten Touristen begegnen. Hamburg, Amsterdam, Danzig, Warschau und Sankt Petersburg lassen sich *flandrines*, Holzkisten mit je vierhundert in Seidenpapier eingewickelten Menton-Zitronen, zusenden, während für den Amerikahandel die *messinoise* mit dreihundertsechzig Früchten bevorzugt wird.

Doch bereits 1850 ist das Goldene Jahrhundert vorbei. Die zunehmende Konkurrenz von Sorrent und Sizilien verdrängt das Städtchen mit dem kleinen Hafen vom Weltmarkt. Der fürchterliche Frostwinter 1956 und Zitronenläuse dezimieren den Bestand. Heute gibt es nur noch eine Handvoll halsstarriger, traditionsverliebter Zitronenbauern, die Spitzenköche wie Alain Ducasse oder Paul Bocuse sowie lokale Marmeladenmacher und Confiserien beliefern oder auf dem Markt die kostbaren Früchte anbieten. In den berühmten verschwiegenen Gärten von Menton lassen sich immer wieder *citronniers* aufspüren, etwa im Palais Carnolès, wo exotische Sorten wie die maltesische Blutorange, die flache maghrebinische Esszitrone Rhobs el Arsa (wörtlich »das Brot des Obstgartens«) oder die warzige vielzipflige Zitronatzitrone Main de Bouddha reifen. Und der spanische Schriftsteller und Drehbuchautor Blasco Ibañez, der sich in Menton, wo Samuel Beckett dichtete und William Butler Yeats starb, einen maauresken *jardin des romanciers*, einen Dichtergarten namens Fontana Rosa anlegen ließ, verzierte seine Lieblingssitzbank mit bunt glasierten Azulejos-Kacheln, auf denen in kräftigem Gelb die Limonen von Menton strahlen.

Wer glaubt, dass die Millionen orangefarbenen

und gelben Südfrüchte, die beim alljährlichen Zitronenkorso im Februar die Prozessionsfiguren schmücken (bei dem – wie originell – Mickey Mouse aus Zitronen gebastelt wird oder ein Opel durch einen Orangenreifen springt), alle in den Gärten Mentons reifen, ist naiv. Längst sind die einheimischen Agrumen zum Luxusprodukt geworden und auch bei Jean-Mario Médecin kosten sie dreimal so viel wie die größeren süditalienischen nebenan.

*Ellen Katja Jaeckel · Peter Peter*

# Ein hochprozentiges Parfum

*Wie aus feinen Früchten edle Schnäpse werden*

Wie Raureif legten sich winters die Düfte der Obstbrände über die Bauernhöfe. In jedem Weiler, und war er noch so winzig, gab es Brenner, die für ihr feines Destillat bekannt waren. Ganze Prozessionen setzten sich in Bewegung, um den warmen, frischen Brand zu probieren.

Das Schnapsbrennen ist fürs Elsass so traditionell wie die Weinfeste, der Blumenschmuck oder das Weihnachtsgebäck. Jeder Bauer besaß eine Reihe stattlicher Obstbäume. Kirschen, Mirabellen, Reben für den Tresterschnaps. Und jeder hatte das Recht, rund zwanzig Liter für den eigenen Gebrauch zu brennen.

Heute agieren rund zehn Obstbrenner offiziell im Elsass. Yves Lehmann, der seinen Betrieb in Obernai führt, besitzt eines der ältesten Unternehmen.

Eigentlich ist der Mann mit den gesetzten Bewegungen und dem ruhigen Gesicht Sozialpädagoge. Irgendwann wurde ihm dieser Job zu viel. Die Schicksale der Kinder, die man von Amts wegen aus dem Einflusskreis ihrer Eltern nahm, ließen ihn nicht mehr schlafen. Yves Lehmann wechselte den Beruf und entschloss sich, das Handwerk seiner Familie zu übernehmen: die Kunst der Destillation.

»Mein Urgroßvater besaß einen Gasthof«, erzählt er, während er einige Brände zum Probieren aufbaut. »Er vergrößerte ihn um 1850, um seine Spirituosen zu verkaufen. Damals gehörte er zu den ersten Pionieren, die Himbeeren brannten. Denn solche Früchte waren nicht traditionell in der Brennerei.«

Das Obst wurde von den Straßenbäumen und Sträuchern gepflückt. Sie gehörten dem Staat und konnten für ein paar Centimes abgeerntet werden. Im Winter schmauchten die Kamine in den Dörfern. »Die Bauern hatten die Feldarbeit abgeschlossen«, schmunzelt Lehmann, »und sie setzten darauf, dass die Kontrolleure bei ungemütlichem Wetter wie Schnee, Regen oder Sturm viel seltener kamen.«

Rund zehn Tonnen Obst brannte Lehmanns Großvater, sein Nachfahre verarbeitet heute rund zweitausend Tonnen im Jahr. »Straßenobst darf es allerdings nicht mehr sein, wir haben nur erstklassige Früchte.« Er zeigt auf eine prall gefüllte Kiste, »zum Beispiel eine besonders gute Kirsche, die es nur bei uns in Bischoffsheim gibt. Die Landwirte der Umgebung bringen mir das Obst jeden Abend vorbei. Ich probiere es. Ware aus dem Großmarkt kommt bei mir nicht infrage.«

Sorgfältig wird sortiert. Schimmelstellen oder angefaulte Früchte sofort entfernt, denn sie würden die Gärung verderben. Das frische Obst wird eingemaischt, Reinzuchthefe zugesetzt. Die ersten Bläschen steigen in der Fruchtmasse auf, es duftet und gärt. Je nach Obstart dauert der Vorgang bis zu fünf Wochen. Ein natürliches Hexenwerk: Die Hefe verwandelt den Fruchtzucker in Alkohol und spaltet das über den Gärspund entweichende Kohlendioxyd auf. Ist die Zauberei abgeschlossen, erfolgt der Brand.

Alte Kupferbrennblasen schmückten noch den Betrieb, als Lehmann ihn von seinem Vater übernahm. Sie wirkten zwar dekorativ, aber die Maische wurde zu schnell heiß. Er musste aufpassen, dass sie nicht an Aroma verlor oder verbrannte. Der Nachwuchsbrenner investierte in moderne Destillationsapparaturen mit Wasserbad.

Zwei Brände erfordert heute ein guter Schnaps. Der erste lässt den Rohbrand mit einem Alkoholgehalt von fünfundzwanzig bis fünfunddreißig Prozent entstehen, im zweiten wird der Feinbrand freigesetzt. Bevor das Destillat reif für die Flasche ist, muss es, ähnlich wie Wein und Whiskey, lagern. Große Glasballone muten an wie aus dem Labor eines Riesen. Sechs Monate lang schlummert ein Feinbrand hier.

Lehmann schnuppert an einem Heidelbeerschnaps, »je länger sie ruhen, desto weniger brennen sie auf der Zunge«, er nimmt einen kräftigen Zug. Inzwischen verkauft er seine scharfen Schätze nicht nur in Frankreich, sondern auch nach Deutschland, in die Niederlande oder nach Dänemark. »Alle Länder, die nördlicher liegen als wir, haben eine ausgeprägte Schnapstradition. Die Menschen leben dort mehr zu Hause als in Südfrankreich, sie laden sich öfter untereinander ein.«

Seine Brennerei ist ein überschaubarer Betrieb, die Hälfte des Umsatzes wird vor Weihnachten gemacht. Präsentkartonagen, mundgeblasene Flaschen, man könnte auch sagen, exquisite Verlegenheitsgeschenke, die man sich in allen Firmen der Welt überreicht. Auch in Vinotheken sind seine Kostbarkeiten zu finden, doch nicht in Supermärkten. »Die verkaufen nur einen Preis, aber kein Produkt. Das möchte ich für meine Ware nicht«, erklärt Lehmann entschieden.

Heute gibt es nur eine Handvoll Obstbrenner im Elsass. Zu wenige, um eine eigene Schule, wie bei den Winzern üblich, zu unterhalten. Die »Fédération Nationale des Distillateurs d'Eaux-de-vie de

Fruits« setzt sich jedoch für die Qualitätssicherung ein. Seine nächste Idee hat Lehmann dort schon vorgetragen, man könnte sie als Obstbrand-Event-Tourismus bezeichnen.

»Früher haben die Bauern Schnapsbrennen und Kochen verbunden«, erzählt er, und die Vorstellung macht ihm sichtlich Spaß. »In den Trester wurde ein Schulterblatt vom Schwein eingelegt und mitgegart. Die Schulter nahm den Trestergeschmack, aber nicht den Alkohol an. Dazu gab es Kartoffelsalat und einen Schnaps!«

Neugierige dürfen künftig das nostalgische Brennermahl erleben: beim Destillieren zuschauen und später das Essen verkosten. Dass sie dann auch das eine oder andere Fläschchen Obstbrand mitnehmen – er zuckt freundlich die Schultern –, das versteht sich für den tüchtigen Elsässer ganz von selbst.

*Inken Herzig*

# Salade Niçoise, Pissaladière, Socca

*Die Küste der Köche*

Pink Champagne, goldene Unterteller, ein Ballett schwarz befrackter Kellner. Auftakt zum Club Déjeuner im Louis XV, das mit hundertvierzig Euro inklusive Weinbegleitung eine der teuersten *formules* der französischen Küche und doch noch preisgünstig ist. Denn in diesem dreifach vom »Guide Michelin« besternten Restaurant im traditionsreichen Hôtel de Paris gleich gegenüber dem Casino von Monte Carlo kosten sonst allein die Hauptspeisen ab achtzig Euro aufwärts, und das auf der Place ausgehängte Menü verzichtet vornehm wie eine Damenkarte überhaupt auf Preisangaben.

Ist es maßloser Luxus für Glücksspielgewinner, *nouveau riches* und Spesenritter, wie man an diesem Ort vermuten könnte, oder ein unbeugsames Qualitätsbewusstsein, das eben seinen Preis hat, allenfalls die privilegierte Lage ausnutzt, um das Zeremoniell der *grande cuisine*, das auch in Frankreich nicht mehr selbstverständlich ist, zu zelebrieren?

Zweiteres ist der Fall, denn hinter dem ganz im Stil des »Möbelkönigs« mit Marmor, Büsten und leider etwas schludrigen Wandgemälden eingerichteten Gastrotempel, wo die Füße förmlich im weichen Teppich versinken und ein Blumenbouquet von alexandrinischen Ausmaßen prunkt, steht Alain Ducasse, mehr als nur modischer Kochguru, zugleich Reformer und Lordsiegelbewahrer der französischen Küche. Wer sein »Dictionnaire amoureux de la cuisine«

durchblättert, wird schnell feststellen, dass Ducasse nicht nur ein brillanter Stilist ist, sondern auch ein Vordenker, der die Kochkunst praktisch zur Wissenschaft perfektioniert hat, ohne sie dabei in irgendein Korsett zu zwängen. Dazu gehört, bei jedem Produkt – und das geht beim einfachsten, bei Salz und Pfeffer, los – nachzudenken, in welchen Qualitäten es auf den lokalen und den Weltmarkt kommt, wie es in den einzelnen Regionen Frankreichs und in der weiten Welt zubereitet oder angewandt wird, bevor man sich tatsächlich an den Kochherd stellt. Früher hätte man Ducasse als eine Art gelehrten Koch, »coquus doctus«, bezeichnet, doch er ist weit mehr als der intellektuelle Kopf unter den großen *toques*, er ist zugleich kulinarischer Weltreisender und passionierter Liebhaber der Vielfalt der regionalen Kochtöpfe, ein Streiter für gesunde Lebensmittel und für das einfache *bistrot* – denn in dessen allmählichem Verschwinden lauert die latente Krise der französischen Küche. Ducasse steht aber auch für einen tiefgreifenden Paradigmenwechsel in Frankreichs aktueller Kochszene – die leichte, gesunde Mittelmeerküche, die mit provençalischen Spezialitäten punkten kann und die durch den einst piemontesischen Comté de Nice die Palette der norditalienischen Küche mit Recht auch ihr Eigen nennt, holt gegenüber der klassischen nordfranzösischen Butter- und Saucenküche auf. Nicht umsonst heißt eines der großen Kochbücher von Alain Ducasse übergreifend einfach »La Riviera«.

Wer etwa sein Kapitel über die verschiedenen Rinderrassen Frankreichs liest, wo er kenntnisreich über Blonde d'Aquitaine, über das marmorierte Fleisch des Chalosse-Rindes, das er am liebsten mit Entenfettfritten isst, über Bazas-*Tournedos* und geschmortes Charolais schwärmt, der kann ermessen, welch souveräne Recherche hinter der Küche von Ducasse steckt. Könnte man sich einen ähnlichen Diskurs in Deutschland vorstellen, wo man schon froh ist, wenn ein Tier nicht mit Hormonen vollgepumpt ist, und die meisten Metzger große Probleme hätten, die Rinderrasse zu nennen, die sie verkaufen? Ducasse, das ist ein Ideengeber, der mit gleicher Raffinesse und Glaubhaftigkeit über blauen bretonischen Hummer wie über das Bauernbrot seiner Heimat, der Gascogne, zu räsonieren weiß. Dem *maître* ist ein bisher einmaliges Kunststück gelungen, gleich zwei Drei-Sterne-Lokale zu führen, in New York mit einem Restaurant präsent zu sein, das fast ausschließlich auf amerikanische Delikatessen setzt, und nebenbei kreative günstige Qualitätsformeln wie das Spoon in Paris oder das Bar & Bœuf im Monte Carlo Sporting Club entwickelt zu haben. In hundertfünfundzwanzig Metern Höhe setzt er im Jules Verne in der zweiten Etage des Eiffelturms einen kulinarischen Akzent am Pariser Sternenhimmel. Doch Ducasse scheint ein Tausendsassa zu sein, der diesen lukullischen Spagat souverän meistert, der die richtigen *sous-chefs* anlernt und dieses Gastroimperium von fast dreißig Restaurants in acht Ländern im Griff hat.

Allein die Art, wie der Brotwagen, wie die Butter im Louis XV präsentiert wird – man hat die Wahl zwischen bretonischer *beurre salé* oder süßer Bauernbutter, die von einer kürbisgroßen Butterbirne mit Silbermesser heruntergehobelt wird –, verrät das Wissen, aber auch den höchsten Respekt vor dem Produkt, ganz zu schweigen von den leichten Köstlichkeiten, die folgen und die noch bei den *petits fours* mit ausgefeilter Eleganz schließen: drei Trüffeln in der Porzellanschatulle, auf die mit Blattgold die Initialen L XV, M(onte)C(arlo) und H(ôtel)d(e) P(aris) geschrieben sind.

Der Standort Monaco ist nicht zufällig gewählt, sondern bewusste Hommage an einen ganz Großen der Kochkunst, an Auguste Escoffier (1846–1935). In Villeneuve-Loubet, einem eher verschlafenen Städtchen im Hinterland von Cagnes, stand seine Wiege und steht heute das mit Speisekarten und Zuckergussmodellen gefüllte Museum des ersten Koches, der Offizier der Ehrenlegion wurde, für Majestäten und Divas kochte (nebenbei Ho Chi Minh als Küchenjungen ausbildete) und außerdem die Grundlagen der modernen Großküche legte.

Ein märchenhafter Aufstieg für einen *garçon*, der eher von einer Bildhauerlehre träumte und erst mit vierzehn schreiben und lesen lernte. Hauptstationen dieser Kochkarriere sind Nizza, wo er sich im Restaurant eines Onkels erste Sporen verdient, das Petit Moulin Rouge in Paris, das Hauptquartier der französischen Armee im Deutsch-Französischen Krieg 1870/71, Cannes, wo er den Faisan Doré eröffnet, wieder in Paris die Delikatessenhandlung Chevet, wo er den Prinzen Orloff mit »molukkischen Schwalbennestern, Lebern von Donauwelsen, Forellen vom Lac Léman, Rücken von schlesischen Hasen, *soufflé de quam* aus Indien mit Kaimaneiern aus Madagaskar, *chaudfroid* von Ortolanen à la Rothschild« traktiert und schließlich Monaco, wo er in César Ritz, Direktor des Grand Hotel, seinen wichtigsten Kompagnon findet. Fortan sind der Schweizer Direktor und der Küchenchef ein berufliches Erfolgsduo, das die luxuriösesten Hotelneubauten der Belle Époque managt: 1890 das Savoy in London, 1898 das Ritz in Paris, 1899 das Carlton in London, wo Escoffier bis zu seinem vierundsiebzigsten

Lebensjahr den Kochlöffel schwingt, gefeiert von der britischen Society, bei der er die Froschschenkel einführt (er lernt nie richtig Englisch, angeblich aus Furcht, dann wie die Engländer zu denken und zu kochen). Dann zieht sich der zutiefst bescheidene Mann, der sich zeitlebens fast nur von Gemüsesuppe, Reis und Obst ernährte, aufs aktive Altenteil nach Monte Carlo zurück, um mit Julius Maggi das soziale Projekt des volksnährenden Maggiwürfels auszuhecken und sein kulinarisches Vermächtnis »Ma cuisine« zu schreiben.

Dazwischen liegen glanzvolle Episoden: Kaiser Wilhelm II., den er 1913 als »Consultant« auf der Imperator, dem damals größten Passagierdampfer der Welt, bekocht, nennt ihn (angeblich) »Kaiser der Köche« und adelt ihn damit zu tiziangleichem Künstlerrang, nicht ohne festzustellen: »Wenn Deutschland einen Koch wie Escoffier hätte, dann würden alle Speisekarten weltweit deutsch gedruckt!«

Am wichtigsten dürfte dem »Maître des saveurs« (Titel einer schwungvollen Escoffier-Biografie von Michel Gall) der Tag im Jahr 1910 gewesen sein, als sein Buch »Projet d'extinction du paupérisme« gedruckt wurde, das – mit Referenzen auf Friedrich Engels' Schriften – praktische Vorschläge zur Sozial- und Altersversicherung der unteren Klassen machte. In seinem Bereich hat sich Escoffier, der als Sohn eines Hufschmieds die damalige Armut der meisten Einheimischen nur allzu gut kannte, stets tatkräftig sozial engagiert, für seine ehemaligen Untergebenen wie für Londoner Arme, die sich regelmäßig Speisen aus dem noblen Carlton abholen konnten.

So weit die Stars – doch ihr Ruhm kann nicht die Tatsache verdecken, dass man an der touristisch überlaufenen Blauen Küste oft recht bescheiden isst, wenn man nicht gezielt mit dem »Gault-Millau«, dem »Bottin Gourmand« oder dem »Guide Gantié« Spitzenrestaurants zwischen Mougins, Valbonne oder Ramatuelle ansteuert oder in den Jachthäfen ein Vermögen für *la vraie bouillabaisse*, roten Drachenkopf (*chapon/rascasse*) oder Langusten hinblättert. Jacques Médecin, langjähriger Bürgermeister Nizzas, der nach seiner spektakulären Flucht nach Uruguay behauptete, von den Tantiemen seines noch immer neu aufgelegten Kochbuchs »Cuisine niçoise« zu leben, beharrte darauf, dass jedes der typischen *petits farcis* eine eigene Füllung haben sollte. Ziemlich illusorisch in den auf den ersten Blick so stimmungsvoll nach Little Italy aussehenden Altstadtlokalen Nizzas, wo man schon froh sein kann, wenn die standardisiert gefüllten Tomaten, Kürbisblüten, Zucchini und weißen Zwiebeln nicht in die Mikrowelle geschoben werden – kein Vergleich mit ähnlichen ligurischen Antipasti, die fast immer frisch zubereitet auf den Tisch kommen.

Das gilt auch für die Pasta, die manchmal italienische Qualität erreicht, dafür aber fast immer mehr als im Nachbarland kostet – ganz abgesehen davon, dass Nizzas Spezialität *daube aux pâtes* doch etwas an biederes Ragout mit Teigwaren erinnert. Und die Pizzapreise sind schlichtweg überzogen.

Was ist mit der weltbekannten *salade niçoise*? Ein Bauern- und Fischersalat, auf den kam, was gerade da beziehungsweise übrig geblieben war. Ein Originalrezept existiert nicht, aber eines ist sicher: trübe Salatblätter, eine geviertelte Tomate, ein Klacks pazifischer Billigdosenthunfisch und ein paar Oliven sind des Namens unwürdig. *Salade niçoise* ist heute die raffinierte Mischung (*mesclun*) feiner, frischer, herber Kräuter, vielfältiger Salate, blättrig geschnittener Radieschen und im Idealfall im Glas mit Olivenöl eingeweckten Thunfischs. Der »Larousse gastronomique« sieht vor: Gemischte Salate mit kleinen bitteren Wildsalaten (Typ Rucola oder Löwenzahn), Tomaten, geviertelte Eier (oder Wachteleier), das Weiß der Lauchzwiebel, Anchovis, die um Oliven gerollt werden, geschnetzelte Paprikaschoten, Stangensellerie, Thunfisch und Artischockenböden und dazu eine frisch gerührte *vinaigrette* aus Olivenöl, Weißweinessig, *fleur de sel* und Mühlenpfeffer.

Dafür gibt es andere Rituale der *cucina nissarda*, die man miterlebt haben muss, etwa den völlig verrußten *Socca*-Holzofen von Théresa in der rue Droite mitten in Vieux Nice, ein höhlenartiges Gelass, von dem aus hauchdünn gebackener Kichererbsenteig in rundem Kupferblech auf ein Steinzeitfahrrad gehievt wird, um auf dem Vormittagsmarkt des Cours Saleya verkauft zu werden – da kann nicht einmal die Farinata am alten Hafen von Genua mithalten. Probieren Sie eine *pissaladière*, am besten beim *pâtissier* gekauft – eine Art dünner Pizzafladen, belegt mit *pissalat* (Salzfisch), einer Anchovispaste, die zusammen mit süßen Schmorzwiebeln vorzüglich zu einem Glas Rosé de Bellet oder de Cassis passt. Oder besuchen Sie einzigartige Läden wie den Käse-*Affineur* Céneri in der rue Meynadier in Cannes, den Konfitürenmacher Florian in den Gorges du Loup oder das Schatzkästlein der 1843 gegründeten Confiserie Auer vis-à-vis der Oper von Nizza, wo Mandarinen und Renekloden nach sorgsam gehüteten Rezepten kandiert werden.

Und dann gibt es auch hier die von Gilbert Bécaud besungenen *marchés de Provence*. Der *marché provençal* von Antibes unter einer nostalgischen Gusseisenmarkise oder die Jugendstilhalle von Menton, unter der vormittags die lokalen Köstlichkeiten, aber auch das geballte Angebot Frankreichs feilgehalten wird: Es hat etwas, nebeneinander Holzkisten noch betauter Zucchiniblüten, basilikumgrünes *pistou* (nissartfranzösisch für Pesto, im Gegensatz zur Genueser Variante jedoch ohne Pinienkerne), trüffelfarbene *tapenade* aus zermahlenen, kleinen, fenchelgewürzten Cailletier-Oliven mit Sardellen und Kapern zu finden, *boudin noir* (Blutwurstpudding) nach Art der Algerienfranzosen neben korsischem luftgetrocknetem *lonzu* (Lendenschinken) und Elsässer *knack* (Räucherwürstchen) hängen zu sehen, gebackene Raviolibonbons mit dem schönen Namen *barbe de juan* zu naschen und Sträuße von Thymian, Garrigue-Rosmarin und das Sommer-Bohnenkraut *sarriette*, das nur in der Provence wächst, zu riechen, unter denen dunkel-krustige Holzofen-*Baguette* mit Walnüssen und getrockneten Tomaten aufgeschnitten wird. Oder soll's eine *fougasse*, ein Fladen mit Orangenblütenwasser, sein? Hier an der Côte reichen sich die kulinarischen Großmächte Italien und Frankreich die Hand, und selten ist das Angebot, für Picknick oder Küche einzukaufen, überwältigender und verführerischer.

*Ellen Katja Jaeckel · Peter Peter*

# Es war einmal die »baguette«

*Abgesang auf einen gar nicht so alten Klassiker*

Jedes Schulkind kennt den liebenswerten Aimable. Die Figur des Bäckers, die der provençalische Dichter Marcel Pagnol unsterblich gemacht hat, gehört zur französischen Folklore wie der Wirt im *bistrot* und der Dorfpfarrer. Wenn nur »Die Frau des Bäckers« (so der Film- und Buchtitel) nicht viel zu jung und hübsch wäre und deshalb eines Tages mit dem jungen, hübschen Hirten durchgebrannt wäre, wodurch das ganze provençalische Dorf in Aufruhr geriet. Aimable ließ seine Backstube im Stich, um die Liebste wiederzufinden. Sieben Jahrzehnte nach einem der berühmtesten Filme Pagnols regt sich keiner mehr auf, wenn ein Bäcker den Laden dichtmacht. Die frische *baguette,* die so knusprig knackt, liegt nicht länger auf jedem Frühstückstisch. Gelegentlich gibt's sogar Müsli und Magermilch. Der durchschnittliche Franzose begnügt sich mit täglichen hundertfünfzig Gramm Brot, welcher Art auch immer. Das ist eine halbe Portion, verglichen mit Pagnols Zeiten. Da bleibt manche *boulangerie* auf der Strecke.

Im Zweiten Kaiserreich waren die Leute auf den Geschmack gekommen. Seit Napoleon III. haben die Bäcker nachts gearbeitet, weil öfter frisches Brot am Morgen verlangt wurde. Da gab es die *baguette* noch kaum, sie wurde erst zwischen den Weltkriegen populär. »Für ein halbes Jahrhundert hat sich die *baguette* als unser nationales Brot etabliert«, konstatiert die Historikerin Mouette Barboff, »es ist also ein junges Brot in der langen Ernährungsgeschichte der Franzosen.« Die *baguette*, weiß der Bäcker René Saint-Ouen, der seinen Laden in bester Lage am Boulevard Haussmann unterhält, »war der Sieg der Stadt über das Land«. Man kaufte nicht mehr ein großes Brot für die ganze Woche, man wollte es jeden Morgen frisch. Für die beste *baguette* ist René Saint-Ouen oft ausgezeichnet worden.

Anderswo ist sie zwar auch noch frisch, aber mit Handwerk hat sie oft nur noch wenig zu tun. Es wird geschummelt. Fabriken liefern ihren Fabrikteig und junge Unternehmer, die in Paris und der Provinz ihre Verkaufsstellen eröffnen, können nach Bedarf jede Stunde frisches Stangenweißbrot anbieten. Das Volk der Feinschmecker lässt sich Fast Food unterschieben. Unser Bäcker um die Ecke, ein traditioneller Handwerksbetrieb – der wie immer im August Betriebsferien macht –, ist zudem noch ein paar Centimes teurer als der Chinese hundert Meter weiter. Und dem Chinesen gegenüber hat erst kürzlich ein weiterer Konkurrent seinen Laden aufgemacht – ein billiger Schnellimbiss und die *baguette* gibt's zum Dumpingpreis. Sie schmeckt bereits nach einer Stunde pampig, und deshalb nimmt man im Sommer schon mal längere Wege in Kauf, um einen offenen Bäckerladen zu finden. Man kommt ja nicht jeden Tag am Boulevard Haussmann vorbei.

Fast noch schwieriger ist es, gute *croissants* zu finden. Sie sind, an der Theke stehend, dazu einen Milchkaffee, das perfekte Frühstück nach durchwachter Nacht. *Croissants*, aber das ist eigentlich ein anderes Thema, wurden von französischen Bäckern in der Diaspora erfunden. Während der Belagerung Budapests 1686 durch die Türken, so geht die Legende, hörten sie in ihren Kellerbackstuben die Türken Tunnel bauen und gaben Alarm. Um den Sieg zu feiern, buken sie später das gebogene Brötchen und nannten es *croissant*, Halbmond.

Die Bäcker haben immer einen speziellen Platz in der Volkspsyche gehabt. Die Helden der Nation hielten sich ihre eigenen. So hatte Napoleon I. seinen treuen Koch und Bäcker, der zuvor dem Staatsmann Talleyrand gedient hatte. Er hieß Laguepière und war dem Kaiser so ergeben, dass er ihm selbst ins schrecklich kalte Russland folgte, um während der Kampagne täglich frisches Brot zu bereiten. Bis er sich beim Rückzug von Moskau auf des Kaisers Kutsche den Tod holte.

Die *baguette* plus Käse und Rotwein, auch der Gauloise-Raucher mit dem *béret* haben lange das Klischee des Franzosen bestimmt. Die Jungen haben sich davon abgewendet, rauchen amerikanische Filterzigaretten und gehen ganz ohne Mütze. Selbst die *baguette* trifft, wenn man Umfragen glauben mag, zunehmend weniger den Geschmack der Jungen. Ihnen schmeckt das Brot der Urgroßväter. Der berühmteste Bäcker von Paris, Lionel Poilâne, hatte die Produktion der langen Stangen ganz eingestellt. Er schwor auf Mehl und Wasser, Hefe und Salz, wie es jahrhundertelang üblich war. Lionel Poilâne ist vor ein paar Jahren mit seinem Hubschrauber tödlich verunglückt, aber sein Brot wird weiter gebacken. Er erinnerte gern an »die schöne Bäuerin« auf dem Gemälde des Jean-Baptiste Chardin. Sie hat ein großes rundes Brot auf dem Tisch, »das gleiche, das ich herstelle«, pflegte Poilâne zu sagen. Es gibt Formen, die sind nicht zu verbessern.

*Gerd Kröncke*

# »Choucroute« fürs Volk

*Der Erfinder der Sauerkrautstraße setzt Kohlköpfe ins Rampenlicht*

Schon der Name explodiert als Feuerwerk in den Geschmacksnerven: *route de la carpe frite*. Eine Tour, die sich durch den Sundgau und den elsässischen Jura schlängelt und schon beim Hörensagen dampfend frittierte Karpfen, klare Seen und muntere Quellen aufruft. Nicht anders die legendäre *route des vins*, die Weinstraße, die durch sanft hügeliges Rebenland vorbei an stattlichen Winzereien gleitet. Kulinarische Seligkeiten werden im Elsass gern zu Themenrouten verpackt: auch die Sauerkrautstraße, die *route de la choucroute*, gehört dazu. Sie entführt in die Sauerkrauthochburgen Geispolsheim und Krautergersheim, durch die alle drei Minuten Lkw-Anhänger mit akkurat geschichteten Weißkohlköpfen rattern.

Epizentrum der *route de la choucroute* ist das Restaurant Chez Philippe in Blaesheim. Sein Besitzer, Philippe Schadt, braun gebrannt vom Angeln, blauweiß karierte Hose, weiße Stoffjacke und durchdringend blaue Augen, begrüßt die Gäste in der Eingangstür. Ein spritziger Louis de Funès in eigener Regie und Inszenierung. Im Flur festgehaltene Szenen seines Lebens: Philippe Schadt als Angler, im Freundeskreis der Prominenz, zusammen mit seinem Freund Tomi Ungerer, dessen Bilder in den Räumen des Restaurants ausgestellt sind.

Ansonsten ist diese *auberge* in Blaesheim, nahe

dem Flughafen, nicht anders als die übrigen, die zwischen Mulhouse und Strasbourg liegen – oder doch?

Endlose Kohlfelder erstrecken sich vor ihren Türen, der typische Geruch steigt bis zum Himmel hinauf. Etwa siebzig Prozent des französischen Weißkohls werden im Elsass angebaut, fünfundzwanzig Betriebe vermarkten jährlich fünfunddreißigtausend Tonnen Sauerkraut. Das Gemüse gedeiht am besten in den Löß-Lehm-Feldern der Umgebung, in denen es von Juli bis November geschnitten wird. Die Kohlköpfe werden nach der Ernte geputzt, der Strunk mithilfe spezieller Maschinen herausgebohrt.

Ein Leben dem Kohl: Seit Ende des vorigen Jahrhunderts wird Sauerkraut auch industriell hergestellt. Klein geschnitten und über Förderbänder transportiert, gleitet das Gemüse in Gärbecken. Früher verwendete man Holzfässer, heute sind Gärsilos mit einem Fassungsvermögen von sechs Tonnen üblich. Zum Kohl wird Kochsalz gemengt, die Becken luftdicht verschlossen. Beim Gärprozess wird der Weißkohl säuerlich und verfärbt sich schließlich gelb.

Doch reichen diese Fakten für eine Themenroute? Phillipe Schadt, Erfinder der Sauerkrautstraße, erinnert sich: »Jeden Samstag kamen alle Sauerkrautfabrikanten der Umgebung zu mir zum Essen. Irgendwann, auf einer Reise nach Bangkok, hatte ich dann die Idee – warum das Sauerkraut nicht als gastronomische Verbindung nutzen?«

Für das Elsass schien es wie gemacht, die Fabrikanten waren begeistert, der touristisch wenig erschlossene Landstrich versöhnt. Das Argument war simpel wie einleuchtend: Aus der elsässischen Küche ist das jahrtausendealte Gemüse nicht wegzudenken.

Schon zu Zeiten des griechischen Arztes Hippokrates war das Einsäuern von Weißkohl bekannt, ebenso stellte man das frugale Gemüse in China und bei den Römern her.

Als ideal erwies sich das Vitamin-C-haltige Kraut auch für Seeleute: es war haltbar wie Zwieback und schützte vor Skorbut. Captain Cook, so ist überliefert, galt als echter Liebhaber der Delikatesse. Auch in den mittelalterlichen Klöstern legte man Kohlköpfe mit Salz und Essig ein. Später verzichtete man auf die saure Beigabe – das Salz genügte, um die Milchsäuregärung auf ganz natürliche Weise in Gang zu setzen. Jüngst fanden finnische Forscher sogar heraus, dass bei der Gärung krebshemmende Substanzen gebildet werden.

»Gourmets lieben den Weißkohl, über den der Frost gestrichen ist«, ergänzt Philippe Schadt. Insgesamt neunundzwanzig Restaurants auf der *route* schmücken sich mit passendem Symbol. Meister Adebar, der in einer Sauerkrautschüssel nistet und bodenständig kulinarische Freuden verspricht – wenn auch bei Philippe Schadt auf höherem Niveau.

»Sauerkraut ist ein herrliches Gemüse«, befindet der *maître*, »wir servieren es mit frischem Lachs, dazu eine beste Buttersauce mit Riesling – da kann nichts passieren.«

Der kochende Traditionalist blickt inzwischen auf eine fünfzigjährige Karriere zurück. Sein Haus stand im Blitzlichtgewitter, als Jaques Chirac in Begleitung von Lionel Jospin und Gerhard Schröder hier dinierte. Eine große Stunde Schadts, der sich nicht nehmen ließ, seinen prominenten Gästen einen ordentlichen Schlag Sauerkraut zu servieren.

»*Enchanté*«, grüßt er auch heute charmant in die Runde, schwirrt wie ein Schmetterling von Tisch zu

Tisch. Dort zu den Bankern, hier zu der Familie, deren Oberhaupt sich auf einen krummen Stock stützt und seit zwanzig Jahren Monsieur Schadt die Treue hält.

Der Koch, so scherzen manche, wäre nach dem Storch das perfekte zweite Wappentier des Elsass. Vielleicht, weil er nicht müde wird zu betonen, wie wichtig Traditionen gegen die Eintagsfliegen der Gastrotrends sind? Unnachgiebig setzt er sich für die elsässische Dreifaltigkeit aus Sauerkraut, *Baeckoffa* und *Kougelhopf* ein. Sein Glaubenssatz: »Die einfachen Dinge muss man traditionell machen! Wenn man die frischen Zutaten aus dem Elsass verwendet, kann das nur super sein, damit wird man die beste Küche servieren.«

Das Besondere seines Restaurants ist jedoch nicht allein die *choucroute* auf der Karte, sondern das Bemühen um den einzelnen Gast: »Die Leute rufen mich an, bestellen einen Tisch und ich frage sie, worauf sie Lust haben und lasse danach etwas zubereiten. Zum Beispiel einen Apfelkuchen mit dünnem Blätterteig, den es nur speziell für sie gibt.« Natürlich hat er auch eine feste Karte, aber er zwinkert: »Gerade mit den kleinen Kunstgriffen fühlt sich der Gast wie zu Hause – kann man sich Schöneres denken?«

*Inken Herzig*

## Wo Safranbauern die Fäden ziehen

*Im südwestfranzösischen Département Lot blüht es im Herbst zartviolett. Es ist Erntezeit für das kostbarste Gewürz der Welt*

Wenn das Spalier der Pappeln an den Ufern des Lot sich unaufhaltsam entblättert und das Heer der Sommergäste allmählich den Rückzug antritt, bricht bei Marianne Bessac der zweite Frühling aus. Dann finden auf ihrem unscheinbaren Acker in Frankreichs Südwesten die Wochen der blauen Wunder statt. Crocus sativus, der herbstblühende Safran aus der Familie der Schwertliliengewächse, dient allerdings nicht der puren Anschauungslust wie Husums Krokusteppiche im März, sondern lockt mit inneren Werten. Sobald er seine zartvioletten Blüten in den Oktobermorgen reckt, naht Madame Bessac mit Weidenkorb und spitzen Fingern. Aus den Horsten blanker Blätterbüschel knipst sie die lila Kelche, in deren Mitte jeweils drei begehrte Narbenschenkel wie Caprisonne leuchten. »Auf den roten Faden kommt es an«, sagt die Bäuerin. Seit einigen Jahren experimentiert sie mit dem teuersten Gewürz der Welt, hat ihre Produktion durch Teilung der Wurzelknollen kontinuierlich gesteigert und in der vergangenen Saison eine satte Ernte von zweihundert Gramm eingebracht. Zum Ladenpreis von siebentausend Euro. Dafür musste sie vierzigtausend Blüten pflücken, vierzigtausendmal in die Knie gehen, hundertzwanzigtausend Staubfäden aus dem Gehäuse zupfen, safranhungrige Schnecken, Kaninchen, Rehe und Wildschweine aus dem Beet vertreiben. Die federleichte Beute dieses Vormittags kippt sie in der Küche über dem Eichenholztisch aus, zählt haarklein ab und notiert die Stückzahl sechsundvierzig.

Und weil es auf den roten Faden ankommt, geht sie weiter ins Detail: »Das macht hundertachtunddreißig Stempelfäden, die nach der Trocknung ein viertel Gramm vom roten Gold ergeben.« Während Monsieur Bessac, der Ehemann mit dem grob gefurchten Gesicht, den selbst gebrauten Weinlikör namens Ratafia in Wassergläsern kredenzt, taucht sein greises Mütterchen mit dem gröber gefurchten Gesicht hinter einer Modezeitschrift ab, nimmt – getarnt durch die Titelseite mit dem Konterfei Laetitia Castas – noch einmal jugendlichere Züge an. Flink wie eine Krabbenpulerin löst unterdes die Schwiegertochter aus der bleichen Blütenschale die glühend roten Safrannarben, deren Staub die Fingerkuppen wie Kettenrauchen färbt. Auf dem Pergamentpapier eines Blechleins in DIN-A5-Format wandern die Preziosen in den vorgeheizten Ofen. Dort dörren und schrumpfen sie eine Viertelstunde lang ihrem idealen Konservierungszustand entgegen, bis der Duft ausströmt, der Feinschmeckerbegierden entfesselt und bei trockener Lagerung mindestens fünf Jahre hält.

Wie riecht denn dieser Kräuselkram der Luxusklasse? »Wie bitterer Honig oder frisch gemähtes Heu«, findet die Safranbäuerin. »Und schmeckt nach Frieden in Bagdad«, sagt ihr Ehemann, weil er weiß, dass der Safran in besseren Zeiten vor dreitausendfünfhundert Jahren zwischen Euphrat und Tigris zur Kulturpflanze hochgezüchtet wurde. Die Mutter lässt die Laetitia-Casta-Maske sinken und denkt an Liebesnächte bei den alten Römern: »Die haben nicht nur ihr Badewasser mit Safran eingefärbt, sondern auch die Bettlaken der Hochzeitspaare. Zur Steigerung von Herzschlag, Heiterkeit und Lustgefühl.«

Bereits im achten Jahrhundert trat der König der Gewürze seinen Siegeszug von Persien über Arabien nach Mitteleuropa an. Im heutigen Département Lot – nach dem Hausfluss Lot benannt, doch von den Bewohnern wie in vornapoleonischer Zeit noch immer störrisch als Quercy bezeichnet – treibt der rote Exot seit dem Mittelalter Blüten. Kostbares Mitbringsel der spanischen Invasoren, dessen Nutzwert gärtelnde Mönche mehrten. An den Pilgerwegen nach Santiago de Compostela, auf den Handelsplätzen zwischen Atlantik und Mittelmeer wurde der Safran zum Gaumenkitzel und Exportartikel. Er gehört zum Quercy wie der schwere Cahors-Wein aus den Tälern des mäandrierenden Lot, wie die Brillenschafe mit der schwarzen Wolle um die Augen, die auf den karstigen Hochebenen der Causses grasen. Wo Schweine Trüffeln schnüffeln, wo es im Herbst Walnüsse regnet, Enten und Gänse gestopft werden, der Rocamadour-Käse cremig aus der Rinde auf den Teller fließt und Touristen leben wie Gott im Lot (sprich: Lott), fühlt sich auch Crocus sativus wohl. Kalkhaltige Böden und trockene Sommer verhelfen den Fädchen zu einem besonders intensiven Aroma und gesalzenen Preisen.

Warum die blaue Blume des Quercy fast ausgestorben wäre und mehr und mehr in Vergessenheit geriet, hat die Witwe Angé erforscht: »Das 19. Jahrhundert endete in mancher Hinsicht tragisch. Der Wein wurde von der Reblaus vernichtet; extrem harte Winter zerstörten die Safranknollen, die bei Temperaturen unter minus fünfzehn Grad ihren Geist aufgeben. Mit der einsetzenden Landflucht wurde das Wissen um diese Kulturpflanze der nachwachsenden Generation nicht mehr vermittelt. Die Industrialisierung der Landwirtschaft verdrängte die Handarbeit. Nun fuhren die Bauern lieber Traktor und verloren die kleine Krokusblume aus den Augen.«

Anders Odette Angés Ehemann, der Fliegeroffizier mit dem Pflanzerherz und der Lust auf ein Stück festen Boden unter den Füßen. Nach seiner Pensionierung wanderte er gegen den Strom – von Paris in die Provinz. Vor mehr als dreißig Jahren baute er die verfallene Kornmühle unweit der Felsendorf-Attraktion Saint-Cirq-Lapopie zum Privatidyll unter Trauerweiden und Glyzinien aus. Auf der Suche nach der verlorenen Zeit durchstöberte er die Archive der historischen Handelsstädte Figeac und Cahors, vertiefte sich in die Quellen von den »Safranschmierern« des Mittelalters, die für ihre gepanschten Produkte aus Färberdistel, Ringelblume oder Sägespänen die Todesstrafe riskierten.

Die Wiederentdeckung des roten Fadens im Lot geht auf das Konto der Angés. Sie kultivierten die legendäre Knolle auf der eigenen Scholle, steckten mit ihrer Safranitis die Nachbarn an. Inzwischen liefern fünfundsiebzig Bauern aus der Umgebung zusammen sechs Kilo der gelben Würze bei der Kooperative des Dorfes Cajarc ab. Angesichts des jährlichen Weltbedarfs von neun Tonnen, die zu achtzig Prozent im Iran geerntet werden, ein Lacher. Doch das puppige Cajarc mit seinen Fachwerkhäusern und den gotischen Arkaden ist trotzdem Hauptstadt geworden: Metropole des französischen Safrans in der Landeinsamkeit, die im Sommer vor allem von gemütlichkeitsverliebten Engländern besichtigt wird; Austragungsort von Pflanz- und Erntefesten zur Belebung des Tourismus außerhalb der Hochsaison; Hochburg einer eingeschworenen Gemeinde von Safranbauern, die es nach der Ernte in den tieferen Süden zieht. Zu Fortbildungszwecken reisten sie vergangenes Jahr zu den marokkanischen Kollegen. Stets im Dienst der Knolle.

Im Alter von vierundachtzig Jahren setzt Odette Angé das Lebenswerk ihres verstorbenen Mannes fort, auch wenn sie die Feldarbeit wegen der Arthrose im Knie den Töchtern überlässt. In der dunklen Diele der alten Mühle hat sie ein weißes Leinentuch ausgebreitet. Darauf ein Meer von blauen Krokuskelchen. Fix schnipst sie die Fäden aus: »Früher habe ich siebenhundert Blüten pro Stunde geschafft. Jetzt reicht's gerade noch zu fünfhundert.« Wenn die Plackerei nach den Vollmondnächten, in denen der Safran schneller sprießt, überhandnimmt, helfen die Nachbarn mit. An Apfelkuchennachmittagen und Rotweinabenden machen sie sich gern die Finger gelb. Bezahlt wird mit ein paar Fäden der neuen Lese in homöopathischen Dosen. Vom Foto auf dem Kaminsims blickt mahnend der Hausherr in Fliegeruniform. Ein Übermaß an Freigebigkeit war ihm immer ein Gräuel.

Seit die Aromaspezialisten des Quercy vor einigen Jahren ihre eigene Kooperative zugunsten permanenter Qualitätskontrolle gründeten, ist eine breit gefächerte Palette hausgemachter Fertigprodukte entstanden. Das rote Gold setzt sich durch: in Leberpastete und Erdbeermarmelade, im Nougat und im *apéritif*. Vor allem ein Verdienst der Frauen, die den Männern das Steuer des Traktors und den Vortritt im Weinberg zeitweilig überlassen, um die Größe im Kleinen aufzuspüren. Viele Enkelinnen und Töchter der Stadtflucht-Generation haben den Weg zurück aufs Land eingeschlagen. Aus der Senfstadt Dijon kam Catherine Calvet ins Safranland, führt naturhungrige Urlauber auf Eseln durch bemooste Wälder, hegt einen Krokusacker und rührt in einem winzigen Labor geheime Rezepturen an: Sirup mit Linden- und Lavendelblütenzusatz und der bittersüßen Note, die nach Frieden in Bagdad schmeckt. Von der kargen Hochebene des Causse über Cajarc lässt sich auch die Pariser Psychologin Gervaise Pradines nicht mehr vertreiben – Herrin über fünfhundert Schafe und ein Safranfeld, mit dessen Ertrag sie den selbst erzeugten Rohmilchkäse verfeinert.

In den fünfziger Jahren hat der Schriftsteller André Breton die entlegene Gegend entdeckt. Auf knochenweißem Gebirge und in prähistorischen Grotten hat er an der Wiege der Menschheit gestanden. Doch erst als er im Fels hoch über dem Lot-Tal das Fünfunddreißig-Seelen-Dorf Saint-Cirq-Lapopie mit seinen fliegenden Dächern und hängenden Gärten aufsteigen sah, verfiel der Chef-Surrealist in romantische Schwärmerei: »Saint-Cirq-Lapopie ist mir wie eine unmögliche Rose in der Nacht erschienen, und ich habe aufgehört, mich anderswohin zu wünschen.« Breton blieb. Im ausgetrockneten Bett des Lot sammelte er im August Achate, im trutzigen Taubenturm seines mittelalterlichen Hauses beherbergte er Man Ray. Später kehrte François Mitterrand zum Mittagessen mit Françoise Sagan in dem verwunschenen Dorfhotel Pélissaria ein. Und heute sind fast alle da: Japaner, Amerikaner, Busreisende und Nordic Walker. Das Klackern ihrer Stöcke auf dem Holperpflaster hallt in den steilen Gassen wider.

Saint-Cirq-Lapopie ist längst ein offenes Geheimnis. Mit den romanischen Bilderbuchstädten Figeac und Cahors entwickelt es sich zum magischen Dreieck des Lot. Während das Département im französischen Binnen- und Burgenland nur hundertsechzigtausend Einwohner auf fünftausend Quadratkilometern zählt, verzeichnet die Hotellerie zehn Millionen Übernachtungen pro Jahr. Doch die Ferien auf Bauernhöfen und in historischen Gemäuern sind nicht allein zum Schlafen da. Dafür sorgen schon die Männer mit den Kochmützen, die ihre Bohneneintöpfe und Entenconfits mit dem Safran der Damen von Cajarc veredeln.

An der Brückeneinfahrt nach Cahors, das der Lot wie seine Auserwählte umschlingt, liegt das schwimmende Restaurant Au Fil des Douceurs vor Anker. Kulinarisches Glanzlicht nicht nur für vorüberschippernde Hausbootfahrer, sondern auch für einheimische Gourmets. Küchenchef Philippe Larguille schwenkt seine Töpfe unter Deck. Im Scheitel des Bullauges wirkt sein Kopf wie von einem Heiligenschein umflort. Andächtig weist der *maître* seine Lehrlinge in den Umgang mit der nobelsten aller Zutaten ein. Vorsicht vor der Überwürzung! Safran darf nicht beißen, will nur den hinteren Zungenrand umspielen. Im Abgang erst vollzieht sich das Sekundenwunder. Deshalb werden Schweinsfußfrikadellen, Jakobsmuscheln und *crème caramel* zärtlich safraniert. »Mit dem Safran verhält es sich wie mit dem Glück«, sagt Larguille, »zu viel davon schmeckt fad.«

*Christiane Schott*

# Im Rhythmus der Gezeiten

*Schroffe Inseln vor lieblicher Küste: Seefahrergeschichten und Austerngelage in der Normandie*

Die Luft riecht nach Salz und Tang, doch vom Meer ist nichts zu sehen. Vor der Küste schwebt die Silhouette von Bainville in feinem Dunst. Jean François Mauger steht im Schlick und dreht schwere Säcke um. »Die unteren wachsen langsamer«, erklärt der Austernzüchter. Deshalb werden sie regelmäßig gewendet. Plötzlich blickt er auf. »Das Meer kommt!«, schreit er und rennt zum Traktor, der bereits in einer großen Pfütze tuckert. Und nun in einem kleinen See. Jean François klettert auf den Sitz und wendet eilig.

Mit der Geschwindigkeit eines ehrgeizigen Läufers nähert sich das Meer den langen Holzbänken, auf denen vierzigtausend Säcke festgebunden sind. Wäre man zu Fuß unterwegs, bekäme man jetzt ernsthafte Schwierigkeiten. Doch der Austernzüchter wirkt unbesorgt. Einmal hat ihn das Meer wirklich erschreckt, erzählt er über das Dröhnen des Motors hinweg. Da sprang der Traktor nicht an, als das Wasser einlief. Also rannte er an Land. Das Fahrzeug sah er erst bei der nächsten Ebbe wieder: mit Algen behängt. Schnell pflügt sich der schwere Traktor nun durch das gut knietiefe Wasser Richtung Strand. Dort liegt gleich hinterm Dünenkamm die Verarbeitungsanlage.

Austernbauern sind immer in Eile. Extreme Gezeitenunterschiede – bei Ebbe weicht das Meer sechs Kilometer zurück – sorgen zwar für die besondere Frische der normannischen Austern. Aber sie diktieren auch einen strengen Zeitplan. Bei Ebbe sind die Austern geschlossen. Dann kann man auf den Bänken arbeiten. Wenn das Meer zurückflutet, öffnen sie sich, um Nahrung aufzunehmen. Pro Hektar, auf dem etwa sechstausend Säcke liegen, filtern Austern täglich eine Milliarde Liter Wasser. Außer Pflege und Verarbeitung spielt die Wasserqualität die größte Rolle beim Geschmack.

Dass das Meer hier recht sauber ist, ist außer den Gezeiten auch den wütenden Stürmen zu verdanken, die in Herbst und Winter an der Küste der Normandie toben. Sie haben nicht nur den Geschmack der Austern, sondern auch die Landschaft geprägt: niedrige Häuser und Kirchen mit kurzen, dicken Türmen kauern sich zwischen Hügel. Vielerorts sind sogar die Dächer aus Stein, damit sie nicht davongewirbelt werden.

Jean François Mauger bekommt häufig Besuch von Urlaubern, die in den Restaurants der normannischen Küste eine akute Austernsucht entwickelt haben oder eine chronische ausleben. Er zückt ein Taschenmesser, öffnet ein paar Austern und reicht sie den Besuchern – ohne Zitrone, ohne Soße. Sie schmecken, wie sie riechen: nach dem Meer ohne Fisch. Nur Frische.

Drei bis vier Jahre dauert es, bis eine Auster auf dem Teller eines Fischrestaurants landet. Zuvor haben die Austernfarmer in den Küstenorten Bainville-sur-Mer, Saint-Vaast-la-Hougue, Asnelles und Isigny-sur-Mer sie bis zu zwanzig Mal aus dem Wasser geholt, gereinigt und sortiert und zurück auf die Austernbänke vor der Küste gebracht.

Die vier berühmten Austerndörfer sind ideale Eckpfeiler einer Reise durch die Normandie. Doch Cidre und Calvados, Miesmuscheln und Meeresfrüchte sind nicht ihre einzigen Attraktionen. Die Geschichte der Kanalküste ist reich, ihre Zeugnisse haben ungezählte Stürme überdauert. Und obwohl sich hier immer mal wieder das Schicksal Europas entschied, verströmen Fischerdörfer und Hafenstädtchen mit ihren kargen Bars und dem vom Meer bestimmten Tagesablauf angenehm provinziellen Charme. Paris ist weit, die Welt sowieso, und beides nicht sonderlich wichtig. Das teilt sich auch Besuchern mit, und das Reisetempo wird hier ganz von selbst gemächlich.

Bayeux besitzt eine Kathedrale aus dem 11. Jahrhundert, Adelspaläste, die heute Bed & Breakfasts sind, und einen gestickten Wandteppich. Er erzählt auf siebzig Metern die Geschichte der Eroberung Englands durch den Normannen William – anschaulich wie ein Comic. Die Franzosen verehren die bald nach den Geschehnissen des Jahres 1066 entstandene Handarbeit wie ein Heiligtum, englische Besucher untersuchen jeden Quadratmeter einer Niederlage, die manche noch tausend Jahre später als Indiz dafür auffassen, dass jenseits des Kanals in erster Linie mit Barbarei zu rechnen sei.

Auch Amerikaner sind in den Straßen von Bayeux unterwegs. Das liegt an den nahen Invasionsstränden. Sie wohnen gerne im familiären Hotel Lion d'Or, wo schon Spencer Tracy und später Tom Hanks anlässlich filmischer Aufarbeitung des Weltkriegs logierten, und schwärmen von dort aus. In Port-en-Bessin türmen sich auf dem Fischmarkt Schalentiere und Jakobsmuscheln, Boote liegen im ebbetrockenen Hafen. Ein Pfad führt die sechzig

Meter hohe Steilküste hinauf. Von den Fensterbänken kleiner Häuser aus Feldstein ergießen sich Blumenfluten.

Arromanches-les-Bains liegt am »Gold Beach«. Touristen schlendern vom Musée du débarquement am Hafen zu den Geschäften gegenüber, wo Spielzeugpanzer verkauft werden und »D-Day-Wein«. In der Landschaft haben die Schlachten keine Schatten hinterlassen. Nur bei Ebbe, wenn das Meer riesige Sandstrände freigibt, werden die Reste der Landungshäfen sichtbar.

Auf dem Weg nach Saint-Vaast-la-Hougue, dem ersten Hafen, den die Alliierten 1944 eroberten, geht das schöne Wetter verloren. Unversöhnlich prasselt der Regen an die Fenster des Café au Port, wo an diesem trüben Sonntagmittag Berge von Miesmuscheln aufgetragen werden. Hafen, Austernbänke und die bei Ebbe in Fußweite vor der Küste liegende Insel Tatihou versinken hinter Regenschleiern. Das kann den ganzen Tag so gehen, sagt die Kellnerin, oder die ganze Woche. Der Einzelhandel stellt rasch Ständer mit Regenjacken vor die Türen. Die Menschen beschäftigen sich mit Einkäufen und unzeitigem Weinkonsum. Dann reißt der Himmel auf, und am Ende des Hafenbeckens erscheint ein graues Kapellchen.

Dort gedenkt Saint-Vaast seiner Verluste. Die Fischerei ist noch immer ein Beruf, der das Leben kosten kann. Tafeln erinnern an Patrick, der 1999 im Alter von siebenundzwanzig Jahren von Bord der »Liberté« ins Meer verschwand. Maurice ging 2001 mit der »Silence II« unter. Jede Plakette erzählt die Geschichte eines jungen Menschen, der nicht vom Meer zurückkam. Nur eine Kinderzeichnung »für die toten Seeleute« zeigt einen glücklichen Matrosen im Sonnenschein.

Unterdessen ist das gute Wetter nach Saint-Vaast zurückgekehrt. Möwen schreien, das Dorf blickt auf die einlaufende Flut, die friedlicher aussieht, als es die Geschichten der Kapelle vermuten lassen. Tatihou ist aus dem Dunst aufgetaucht und wird wieder zur Insel. Unter lautem Getöse flitzt ein gezeitenunabhängiges Fortbewegungsmittel – halb Boot, halb Rennbagger – hinüber. Von 1723 bis 1860 wurden Pestkranke auf Tatihou interniert, die nach vierzig Tagen beerdigt waren oder entlassen wurden.

Seit 1992 ist die Insel Touristen zugänglich. Sie ist schnell besichtigt: ein Befestigungsturm, ein Museum für Schiffswracks, ein Gästehaus für Schulen, wo früher das Pestlazarett war, ein botanischer Garten, liebevoll gepflegt von Gärtner Henri, Schafe und zweihundert Vogelarten, die gehörigen Lärm machen. Das alles passt auf vierhundert mal siebenhundert Meter und ist die richtige Einstimmung für jenen Teil der Normandie, der vor der Küste liegt.

Vom Cap de la Hague, dem nördlichsten Punkt der Normandie, sieht man in zehn Kilometern Entfernung die englische Insel Auderly. Ganz in der Nähe liegen die höchsten Klippen der Normandie. Überhaupt ist die Halbinsel La Hague mit lieblichen Weiden, Wiesen und den neunzehn Dörfern hinter der dramatischen Küste von so weltentrückter Schönheit, dass man nur wünscht, es gäbe keine atomare Wiederaufbereitungsanlage gleichen Namens. Doch sie ist nicht zu übersehen, und überdies der wichtigste Arbeitgeber in einer Gegend, in der die Menschen früher entweder fischten oder arbeitslos waren.

Von hier aus geht es nur mehr nach Süden. Und inselwärts. Denn nicht nur Großbritannien besitzt Kanalinseln. Das siebzehn Kilometer vor der Küste gelegene Chausey-Archipel zählt bei Ebbe dreihundertfünfundsechzig Inseln – eine für jeden Tag des Jahres. Bei Flut sind es immerhin noch zweiundfünfzig, für jede Woche eine. Die vierzehn Meter Gezeitenunterschied, die in wenigen Stunden mehr als dreihundert Inseln verschwinden und erscheinen lassen, sind Rekord in Europa. In Granville legt die Fähre nach Grande Île ab. Dort gibt es ein Fischerdorf und einen Leuchtturm – aber auch ein kleines Hotel, ein paar Ferienwohnungen, romantische Spazierpfade und natürlich köstliche Austern.

Es ist wieder einer dieser normannischen Tage, deren unerbittlicher Nieselregen auch den stärksten Wanderwillen aushöhlt. Wie die Gezeiten wogen die Tagesgäste zwischen dem Restaurant und dem Geschäft für Postkarten, Souvenirs und Lebensmittel hin und her. Besonders Entschlossene erkunden das Dorf mit der Kapelle und dem Strand, der von Minute zu Minute größer wird und auf dem immer mehr Fischerboote seitlich in den Sand kippen. Sie klettern über Boote, Netze und Reusen. Durchweicht erreichen sie die Bar, die nach nassen Jacken riecht und vom Geschrei spielender Kinder erfüllt ist. Hier wärmt man sich längst am Calvados. Vor den Fenstern erheben sich schwarze, grüne und gelbe Felsformationen aus dem Wasser. Wo die Besucher morgens an Land gingen, ist eine bizarre Landschaft aus Inseln, Bergen und Gesteinsbrocken aus dem Meer getaucht. Die Fähre liegt mehr als zehn Meter unter dem Kai. Ein triefendes Treppenhaus führt zurück aufs Schiff.

*Stefanie Bisping*

# Alles Olive

*In der Drôme Provençale, wo der Midi beginnt, fließen Wein, Lindenblütentee und vor allem Öl*

Zehn Jahre Galgenfrist bis zum Erstickungstod, lautete die Diagnose. Der Asthmapatient Armand Parodi verfluchte den behandelnden Arzt und beschloss, sich aus dem Staub zu machen. Kehrte dem Wolkengestöber seiner feuchtkalten Heimat Savoyen jäh den Rücken. Mit Frau und Kind schlug der junge Tischler Wurzeln, wo Frankreichs Midi beginnt und die Luft so trocken ist wie ein korsischer Pinienwald im August: in der Drôme Provençale, jenem Landstrich des Départements Drôme, das östlich der Rhône zwischen Mittelmeer und Alpen liegt und dessen Hauptstadt Valence mit hundert Kilometern ebenso viel Distanz zu Lyon wie zu Avignon wahrt. Als Lichtung im Hügelkranz bildet der südliche Teil dieser Region den Vorraum der Provence. Da hängt der Himmel hoch, und ein Nachtwind namens Pontias pustet alle Pollen in Richtung Nordosten – in jene Alpentäler hinein, aus denen Armand Parodi zum Überleben kam. Der alte Auswanderer atmet tiefer durch im milden Mikroklima. In Mirabel-aux-Baronnies, seinem Wahlheimatdorf zwischen Weinbergen und Olivenhainen, mischt der Vierundsiebzigjährige nun schon dreißig Jahre länger als vorhergesagt mit. Inzwischen von so knorriger Gestalt wie die Ölbaumstämme, mit deren Hilfe er sein zweites Leben zunehmend mühsam bestritt. Aus dem harten Holz, durch das die Jahresringe unruhig wandern, hat er Tischplatten gesägt, Stuhlbeine gedrechselt, Frühstücksbrettchen mit gewellten Rändern geschnitzt und Schrate gehauen. Doch die rustikalen Produkte dieser Knochenarbeit finden in Zeiten der Schnörkellosigkeit keine Abnehmer mehr. »Ein Quell des Reichtums war mein Handwerk nicht«, sagt Monsieur Parodi und löscht das Licht in seiner stillgelegten Werkstatt.

Nicht allen, die in Frankreichs nördlichstem Olivenanbaugebiet – der Region der Baronnies – den Pakt mit einer der ältesten Kulturpflanzen schlossen, droht der Ruin. Dreizehnhundert Bauern hegen in der Drôme Provençale zweihundertvierzehntausend Ölbäume, und die Nachfrage nach ihren Erzeugnissen steigt seit Beginn der neunziger Jahre sachte, aber stetig. Denn die Kunde macht die Runde, dass Nutznießer der Mittelmeerküche der Vergänglichkeit noch beharrlicher trotzen als alte Schweden, Briten oder Eskimos. Der ehemals heilige Baum, mit dessen Laub den Olympioniken Siegerkränze geflochten wurden und Tauben Eintracht stifteten, ist wieder gefragt. Wenn auch nicht so wirksam in der Friedensstiftung (politisch folgenlos stieg der Verbrauch von Olivenöl in den USA in den letzten fünfzehn Jahren um fast zwölf Prozent an), so doch angesagt im Kampf gegen Cholesterin und Krebs.

»Eure Männer können fünfzig Jahre länger leben, wenn ihr es wirklich wollt und sie mit Oliven füttert«, begrüßt der Konservator des Musée de l'Olivier, René Gras, ein Damenkränzchen im Kreise seiner Kostbarkeiten rund um die Olive: antike Öllampen aus dem Orient, Tonkrüge, Blechkanister im Jugendstildekor und ein besonders altes Schätzchen – die zehntausend Jahre alte Versteinerung lanzettenförmiger Ölbaumblättchen. In Frankreichs Olivenmetropole Nyons – nur einen Katzensprung von Mirabel-aux-Baronnies entfernt und Umschlagplatz für Öle, Aprikosen, Trüffel und Aromapflanzen – betreibt der Ölmüller im Ruhestand sein Raritätenkabinett, das dem immergrünen Lebensspender Olea europapaea gewidmet ist. Hier schwingt der Geschichtenerzähler René seit zwanzig Jahren Lobreden auf seinen Freund, den Baum, der mehr als tausend Jahre alt werden kann: »Bei Temperaturen unter minus fünf Grad macht er schlapp. Doch was wie totes Holz aussieht, treibt ein paar Jahre später meistens wieder aus.«

Obwohl sich der Luftkurort Nyons wegen seiner annähernd dreitausend Sonnenstunden im Jahr das Etikett »Klein-Nizza der Drôme« verpasste, kann der Winter hart sein. Und René Gras hat manchen Frost erlebt. Zum Beispiel minus zwanzig Grad im Schicksalsfebruar 1956. Nachdem die Hälfte der Olivenbäume in den Baronnies erfroren war, wollten die Landwirte nicht auf die Genesung der Patienten warten. Viele nutzten die Gunst der Stunde. Sie packten die Baumskelette bei den Wurzeln und ersetzten sie durch Weinstöcke. Fast schien es damals, als würde der funkelnde Côte-du-Rhône aus den Trauben von Syrah und Grenache die unscheinbare *tanche* – so heißt die schwarze, öl- und faltenreiche Drôme-Olive – ins Abseits drängen.

Mit 0,2 Prozent Weltmarktanteil fällt Frankreich zwar unter die Zwerge der Olivenölproduzenten und verschwindet fast im Schatten der Branchenriesen Spanien (achtunddreißig Prozent) und Italien (vierundzwanzig Prozent). Doch auf der Bestsellerliste des Binnenmarkts steht das grüne Gold von Nyons mittlerweile ganz weit oben. Die totgesagte *tanche* ist zäh. Und zudem ein feines Früchtchen, das deshalb so schwarz wie Asphalt schimmert, weil es Anfang November im ausgereiften Stadium geerntet wird – auf vorbildlich kalkhaltigen Böden gezogen, nicht gekämmt und nicht geschüttelt, sondern per Hand gepflückt und innerhalb von höchstens sechs Tagen frisch und ohne Zusatz von Konservierungsstoffen verarbeitet. Diese ideale Kultivierung belebte die Nachfrage und wurde 1994 mit drei Buchstaben belohnt: AOC (*Appellation d'origine contrôlée*). Öl und Tafeloliven aus der Umgebung von Nyons erhielten erstmals das Ursprungszertifikat, das außer Weinen auch Lavendel, Honig oder Pilze adelt.

»Inzwischen haben andere Anbaugebiete wie die Haute-Provence, Nizza und Aix-en-Provence nachgezogen und das Gütesiegel für ihre Olivenprodukte erobert«, sagt die Biologin Anne Laurent vom Institut du Monde de l'Olivier, das vor fünfzehn Jahren in Nyons gegründet wurde. Die noble Stadtvilla am Marktplatz beherbergt ein Forschungs- und Dokumentationszentrum sowie vier wissenschaftliche Mitarbeiter für Recherche, Analyse und Öffentlichkeitsarbeit. Ein Hort kühler Funktionalität, doch auch Oase für den sechsten Sinn.

Hier werden nämlich aus Touristen Detektive gemacht – auf Verfolgungsjagd nach der Bezeichnung für den genauen Geschmack. Madame Laurent hat fünf anonyme Pröbchen bereitgestellt: »Erst schnüffeln, dann nippen!« Riecht wie Öl und schmeckt auch so, denkt der Laie. Keine Spur von Artischockenaroma, Walnuss oder frischem Heu! Doch durch den Vergleich der Sorten weicht die Stumpfheit olfaktorischem Gespür. Da entfaltet die kalte Pressung aus Les Baux allmählich ihre prickelnd-pfeffrige Note, während der dicke Saft aus Nizza durch Blumigkeit besticht. Und das Jungfernöl aus Nyons? »Steigt milde in die Nase wie ein Hauch Mimose und erinnert auf der Zunge an grünen Apfel«, erkennt der Verkoster, der eben noch ein Greenhorn war.

Man kann in Nyons hängen bleiben und zum Spezialisten in Olivenangelegenheiten reifen. Man kann die historischen Ölmühlen der alteingesessenen Familie Dozol-Autrand besichtigen oder Zaungast spielen, wenn die Geschwister Fert in der »Scourtinerie« – einer Fabrikhalle aus dem 19. Jahrhundert – nach der Methode des Großvaters Kokosmatten weben, die heute nur noch vereinzelt zum Kaltpressen des Öls benötigt werden. Man kann aber auch bei der gelernten Juristin und praktizierenden Ölmüllerin Nathalie Ramade in die Moderne einsteigen, die Vorteile eines durch und durch technisierten Betriebs kennenlernen – und den Nachteil, eine Frau zu sein. Denn Madame Ramades Einbruch in die traditionelle Männerdomäne rief die Lästermäuler auf den Plan und bedarf auch weiterhin der Gewöhnung in der Ackerbürgerstadt.

Und schließlich kann man einfach auf die ganze Fachsimpelei über Automatisierung, Filtration und altböse Feinde wie Olivenfliegen pfeifen, abzwitschern und jenseits aller grauen Qualitäts- und Säuregehaltstheorien durch die bunte Gegend streifen. So wie der ländliche Dichter und Drôme-*Flaneur* Philippe Jaccottet, der hier vor mehr als fünfzig Jahren auf der Suche nach »Zuflucht vor der Welt und vor dem Schmerz« andockte. Auch auf seine älteren Tage inspiziert er gern das Firmament und schreibt: »Ja, wir leben hier noch unter dem gleichen (fast dem gleichen) Himmel wie Sappho, wie Vergil!« Und unter dem breitet sich Blütenduft aus.

Die mächtigen Kronen der Linden protzen in

der Sonne und verströmen im Frühsommer schweren Geruch und leisen Gesang. Dann lockt das Parfüm der honigsüßen Blüten alle Bienengeschwader der Nachbarschaft an, während die Erntehelfer arbeitsreichen Tagen entgegensehen: Fünfzehn bis zwanzig Stunden hocken sie ab Juli unter jedem Blätterdach, um etwa zehn Kilo Lindenblüten zu pflücken. Neunzig Prozent des französischen Seelen- und Magentees stammen immerhin von den dreißigtausend Linden aus der Drôme Provençale. Hier hat die Landwirtschaft goldenen Boden und die Aromapflanzenproduktion Konjunktur. Lavendelfelder bis zum Horizont, Fenchel, Minze und die Kräuter der Provence. Spürnasen tauchen ein – und möglichst langsam wieder auf aus diesem Schnupperland, das außerdem noch vier von Frankreichs hundertdreiundvierzig offiziell gekürten »schönsten« Dörfern beherbergt.

Zum Beispiel Mirmande, das wie ein Adlerhorst mit Rhône-Blick an den Fels geklebt ist. Schattige Gassen mit Katzenkopfpflaster führen himmelwärts. Auf der Terrasse des einzigen Cafés sagt ein amerikanisches Ehepaar »mörci«, als der Schampus kommt. Ansonsten Abendstille, elysisch. Gegenüber wacht der sommersprossige Töpfer mit dem kupfergoldenen Wuschelkopf, wischt die lehmverschmierten Hände an der Hose ab und mustert sein leuchtendes Sortiment – aus der tonhaltigen Erde der Region gewonnen und in den Farben der untergehenden Sonne lasiert. Jede Menge Kruken und Krüglein zur Aufbewahrung des frischen Öls, das im Winter aus den Pressen rinnt.

Wohin der Reisende auf seinen Wegen durch die südliche Drôme auch geht: kein Augenblick zwischen Mirmande und Mirabel-aux-Baronnies ohne das grüne Elixier. Hier ein Schälchen heimischer Oliven zum *apéritif*, dort die Siesta unterm flirrenden Laub eines Olivenhains. Ein Fädchen Jungfernöl auf den Salat und spätestens am Donnerstag Rückkehr nach Nyons, wo der größte Wochenmarkt weit und breit Heerscharen von Feinschmeckern anlockt. Mit Kirschen im Frühling und Trüffeln im Herbst, mit Kräutern, Hartwurstringeln und Fahnen von Knoblauchdunst. Am »Stand der fünfundzwanzig Olivensorten« teilt der Händler Kostproben aus, lässt das »R« satt über die Zunge rollen und die Nasale knallen. Bei ihm heißt jede Kundin Prinzessin: »Bongjurr, Prrängsess!«

Auf »Doktörr« hört natürlich Pascal Ruiz, der siebenundvierzigjährige Chirurg aus Lyon, der in Nyons vor vier Jahren ein anspruchsvolles Hotelrestaurant eröffnete. Er ist ein besonders zuverlässiger Abnehmer, der früh am Morgen aufkreuzt, während seine Gäste noch auf dem Ohr liegen. Er selbst braucht keine Zeit zum Träumen mehr, seit sein alter Kindheitswunsch in Erfüllung ging: »Kochlöffel statt Skalpell – das war meine Sehnsucht. Und im reifen Alter von zweiundvierzig war ich endlich erwachsen genug, um gegen den Willen der Eltern den Arztkittel auszuziehen.« In der gut gefüllten Speisekammer der Drôme kann Ruiz aus dem Vollen schöpfen, im Rhythmus der Jahreszeiten neue Kreationen austüfteln. Er genießt den heilsamen Stress, wenn alle Tische seines Schlemmergartens unter Feigenbäumen besetzt sind und er mehrere Pfannen gleichzeitig schwingen muss.

Doch das passiert nur in der Hochsaison. Der breite Strom der Pariser, Belgier und Holländer streift diese Landschaft meistens peripher und hat nichts anderes im Sinn, als sich ins Mittelmeer zu stürzen. Eine Tatsache, die der Hotelier Ruiz bedauert. Der Privatier in ihm weiß immerhin zu schätzen, was es bedeutet, in der Drôme das »innigere Leben« zurückgewonnen zu haben.

*Christiane Schott*

# Pardon, wo ist das letzte »bistrot«?

*Eine Institution stirbt*

Jetzt sind es nur noch vierzigtausend. Vor einem knappen halben Jahrhundert, als Frankreich zweiundvierzig Millionen Einwohner hatte, konnten diese in zweihunderttausend *bistrots* einkehren. Noch vor zwanzig Jahren wurde an achtzigtausend Theken der Kleine Schwarze oder das obligate Ballonglas Rotwein ausgeschenkt, gar nicht zu reden von der Belle Époque vor dem Ersten Weltkrieg, als den Franzosen sechshunderttausend dieser Kommunikationszentren zur Verfügung standen. »Ohne Zweifel die solideste Institution Frankreichs, von keiner Revolution zu erschüttern«, nannte Léon-Paul Fargue in seinem »Spaziergänger durch Paris« die Cafés. Nun zählt Frankreich achtundfünfzig Millionen Konsumenten, aber die *bistrots* gehören auf die Liste gefährdeter Arten. Täglich sperren zwei von ihnen zu, in schlechten Jahren dreitausend.

Ein richtiges *bistrot* hat auszusehen wie ein Szenenentwurf für einen französischen Schwarz-Weiß-Film mit Jean Gabin. Die Gäste, die am *zinc* diskutieren oder an Marmortischen sitzen, rauchen schwarze Gauloises und tragen Baskenmützen. An der Kasse kann man Tabak und Briefmarken kaufen, Strafmandate für falsches Parken zahlen oder früher sogar die Autosteuer, Metro-Billetts erwerben, Toto und Lotto spielen oder auf Pferde setzen, Botschaften und Schlüssel für Freunde hinterlegen. Im Keller wacht *Madame Pipi* über Toilette und das nur noch selten benutzte Telefon.

Aber Jean Gabin ist tot. Die Leute haben sich an Farbfernsehen gewöhnt und trinken dazu Bier aus dem Supermarkt. Blonde Zigaretten aus amerikanischem Tabak lösen die schwarzen ab. Die Bar heißt noch *zinc,* ist aber öfters aus Plastik als aus Metall. Für einen billigen Imbiss gibt es immer mehr Verkaufsstände, die sich *Croissanterie, Sandwicherie* oder Pizzeria nennen. Die beiden Fachorgane der *Bistrot*-Wirte, *Le Limonadier* und die *License Quatre* – Letztere heißt nach der begehrten Genehmigung für den Ausschank alkoholischer Getränke – würden es nie zugeben: Aber bei McDonald's steht Frankreich an sechster Stelle unter weltweit neunundsiebzig Nationen. Und es gibt noch andere Fast-Food-Ketten.

»Die Wirte erleben nur, was sie verdienen«, sagte Jacques Melac, Inhaber eines der beliebtesten Wein-*Bistrots* von Paris zu *Le Monde.* »Sie sind selber schuld, weil alles schlechter geworden ist. Mit dem Service geht es an! Sie tauchen die Hälfte Ihres *croissants* in den Kaffee, und die Tasse ist leer. Kaum dass Ihnen der Wirt ›Bonjour‹ sagt. Sind Sie noch nie weggeschickt worden, weil Sie telefonieren wollten, ohne etwas zu trinken? Und die Namen! Le Marigny, Le Marlboro, Le Relais, das bedeutet doch gar nichts, hat nichts von Geschichte und Vergangenheit. Man weiß nicht einmal wie der Wirt heißt, noch weniger, wo er herkommt.«

In der Hauptstadt sind nur noch einige Tausend *bistrots* übrig. Theoretisch bedauern es die Franzosen, dass ihre Cafés eingehen. Bei Umfragen finden fast zwei Drittel der Befragten, das *bistrot* sei ein »unentbehrlicher Bestandteil des Lebens«. Gleichzeitig bekennen neunundvierzig Prozent, dass sie nie ein Kaffeehaus betreten. Drei Viertel rühmen dessen »Ruhe«; ihnen ist offenbar entgangen, dass die meisten *bistrots* Stereoanlagen mit Popmusik und Spielautomaten betreiben, ob es die Kunden wollen oder nicht. Der typische Gast ist männlichen Geschlechts und achtzehn bis vierunddreißig Jahre alt. Am meisten verabscheuen ältere Damen das *bistrot*. Sie finden es nicht sauber genug.

Früher galt das Café an der Ecke als der »Salon der Armen«. Für sie ist Paris zu teuer geworden, und sie sind in Betonsilos der Vorstädte abgewandert, bei deren Planung niemand an die Gemeinschaftseinrichtung dachte. In der Provinz hatte einst auch der kleinste Ort mehr *bistrots* als Arbeitslose. Heute kann es für ein Dorf eine Katastrophe sein, wenn das letzte Lokal zusperrt. Im Zuge der Entvölkerung von weiten Teilen des Landes sind Geschäfte und Behörden aus vielen Orten bereits weggezogen. Damit nicht der einzige Treffpunkt verschwindet, betreiben manche Gemeinden ihr *bistrot* inzwischen in eigener Regie.

Einer Legende nach geht das Wort *bistrot* auf jene Kosaken zurück, die nach ihrem Sieg über Napoleon in die Schenken der Champs Elysées zu stürmen pflegten, mit der Faust auf den Tisch schlugen, etwas Unverständliches bestellten, und am Ende regelmäßig »Bistro, bistro« (schnell, schnell) schrien. Mit Exotik suchen sich auch jetzt einige Wirte über Wasser zu halten. Sie trimmen ihre Lokale auf irisches Pub, bieten spanische Tapas an oder lassen ihre Gäste Karaoke singen.

*Rudolf Chimelli*

# Les noces de la vigne et du vin

*Von den Geheimnissen des Burgunderweins*

Rubinrot, kirschrot, blassgelb mit grünen Farbtupfern schillert er im Kristall, rund ums Glas spiegeln bernsteinfarbene Reflexe oder ziegelrote Brauntöne. Trocken oder herb, süß und zart, rund und sanft, likörartig oder sauer, leicht oder feurig schmiegt er sich um Zunge und Gaumen. Man lässt ihn rollen im Mund, entdeckt ihn von allen Seiten und kostet seinen öligen, reifen, vollen, subtilen, pfeffrigwürzigen Geschmack und den kurzen oder langen Abgang. Es kann sich nur um einen edlen, üppigen, vollmundigen, samtigen, robusten, erstklassigen, gut angebauten Tropfen handeln, also um einen komplexen, körperreichen, rassigen, süffigen und schweren Wein aus dem Burgund. In der elegant geschwungenen, langhalsigen dunkelgrünen Flasche mit entsprechendem Etikett steht er auf dem Tisch, rot oder weiß, kurz oder lang gereift, ein Romanée Conti grand cru, Jahrgang 1947, zum Preis eines neuen Laptops oder ein einfacher Passetoutgrain, weltberühmt, begehrt.

Die Départementale D-970 hat, vom Westen kommend, in einer letzten Kurve den kleinen Wald verlassen, plötzlich, nach sanften Hügeln, spärlichen Forsten, heckenumsäumten Weiden weitet sich der Blick, von Horizont zu Horizont nichts als Weinberge, in der Ebene die Umrisse der Stadt Beaune. Ein findiger Weinbauer hat gleich nach der Kurve einen schmalen Parkplatz anlegen lassen, gerade

Platz für einen Wagen. Er muss um das atemlose Staunen über dieses Panorama gewusst haben, um das Bedürfnis, anzuhalten und zu schauen.

La Côte d'Or. Der goldene Hang. Namengebendes Herzstück des reichsten Départements Burgunds. Berghänge voller Weinstöcke erstrecken sich Richtung Südosten bis ins Saône-Tal. In Reih und Glied wie Armeetruppen, einem Flickenteppich gleich, lehnen sich schmale, breite, längliche, kurze Rechtecke aneinander, machen Dreiecken, Trapezen, Sechsecken Platz. Dazwischen, wie Inseln, das braunrote Dach eines Geräteschuppens oder das herrschaftliche Haus des Weingutbesitzers. Nach der Weinlese, erst dann beginnen sich die fünflappigen, zackigen Blätter zu verfärben, bietet sich dem Betrachter ein in der Herbstsonne leuchtendes Farbenmeer aus Gold, Rot, Rostbraun, Gelb, Orange, Grün, gebrochen vom Tiefrot des wilden Weins, der sich um die alten Steinmauern zwischen den Weingärten rankt.

»Der Weinstock ist eigentlich ein wuchernder Kletterstrauch«, erklärt Monsieur Picard, Winzer aus Chorey-les-Beaune. »Sehen Sie den Nussbaum neben dem Haus? Da oben, die hellen Äste, die sich um die dunklen winden? Das ist Wein! Ein Weinstock, der schon ganz wild geworden ist.« Weinreben hätten das natürliche Bedürfnis, in alle Richtungen zu wachsen. Daran müsse man sie hindern. Winter- und Frühjahrsarbeit des Winzers bestehe hauptsächlich darin, jeden neuen Trieb am Stamm zurückzustutzen. Je mehr die Pflanze beschnitten wird, desto besser der Wein. Auch die Trauben dürfen nicht wachsen, wie sie wollen. Während der »grünen« Weinlese werden sie weggeschnitten, ausgeschnitten, eine von zweien, zwei von dreien, das ganze Mark der Pflanze fließt in die übrig gebliebenen.

Man sieht es ihm an, dem knorrigen Rebstock, wie sehr er eingeschränkt wird in seinem Verlangen, sich zu strecken. Er wehrt sich, beugt sich, biegt sich, krümmt sich, die Knoten drücken die geballte Kraft aus, die in ihm steckt. Einmal, im März, sobald er aus dem Winterschlaf erwacht, »weint« er sogar, so nennt man es, wenn aus den abgeschnittenen Rauten frischer Saft den Stock hinunterperlt. Dazu ist er genügsam, magerer Boden reicht ihm, seine Wurzeln können bis zu hundert Meter tief nach Feuchtigkeit suchen. Den Winzer jedoch interessiert nur der Wein, den er aus der störrischen Pflanze produzieren wird. Er begnügt sich nicht mit Abschneiden, er fesselt ihn und seine Gefährten links und rechts auf Drähte, einen halben bis einen Meter vom Erdboden entfernt.

Monsieur Picard lässt aus dem Stechheber etwas Rotwein in das kleine Glas tröpfeln, eine weitere Kostprobe, junger Wein, nicht ganz zwei Jahre alt. Weder trägt Monsieur Picard die schwere dunkle Lederschürze, noch Baskenmütze, noch hängt ihm die *clope,* die Zigarette, im Mundwinkel. Das Bild des Weinbauern aus Burgund hat sich gegenüber dem Klischee modernisiert, mehr noch die Methode, Wein anzubauen und zu verarbeiten. Aber – viele Schritte in der Weinproduktion folgen noch alten, kaum veränderten Traditionen.

Das lang gezogene Holz-Ziegel-Gebäude, in dem die Edelstahlfässer und Weinflaschen lagern, ist neu. Es strahlt nicht die schummerige Atmosphäre mittelalterlicher Weinkeller aus mit ihren niedrigen Gewölben, der Vielzahl an Eichenfässern, wie riesige Skulpturen übereinandergeschlichtet, dem modrigen Geruch von feuchter Erde und vergorenem Rebsaft, wie man es im Weinschloss Meursault aus dem 12. Jahrhundert bewundern kann oder in Clos de Vougeot.

Familie Picard blickt auf sieben Generationen Winzerarbeit zurück, seit Anfang des 18. Jahrhunderts wird ihr Weingut bewirtschaftet. Da ich mich für diesen Kellerbesuch vorbereitet habe, weiß ich, dass ich eine ernste Miene aufsetzen muss, nicht zu viel reden oder fragen soll. Ich weiß auch, dass sich die Verkostung in drei Phasen abspielt, visuell, olfaktorisch und geschmacklich. Also betrachte ich die Flüssigkeit, versuche ihre Klarheit, ihren Glanz, die Farbintensität, die Nuancen zu erkennen, um sie benennen zu können. Bevor ich aus dem Glas nippe, halte ich es kurz unter die Nase und schnuppere, danach schwenke ich es zwei-, dreimal, um die »Sauerstoffaufnahme zu erleichtern und das Aroma wirken zu lassen«. Als ein paar Tropfen danebengehen, lächelt Monsieur Picard milde. Der gute Mann hat längst erkannt, dass er einer Anfängerin gegenübersteht. Einmal im Mund lasse ich das Elixier langsam von vorne zu den Seiten und nach hinten gleiten, keine der Geschmackspapillen darf ausgelassen werden. Nachdem ich ausgespuckt habe (ohne daneben zu treffen), kehrt Stille ein, bevor das entsprechende Urteil ausgesprochen wird. Meine stümperhaften Bemühungen, Aussehen, Geruch und Geschmack des Gekosteten in Worte umzusetzen, erspare ich dem Leser, kann jedoch nicht umhin, insgeheim der bedachten Art und Weise dieses Zeremoniells meine Bewunderung auszusprechen.

Es ist noch lange nicht zu Ende. Man muss sich Zeit nehmen für eine Weinprobe. Der *pas de deux* von Weinverkoster und Weinbauern, die Choreografie der Gesten zwischen Fass, Stechheber, Weinflaschen, Korkenzieher und Glas bedeuten mehr als die Rot- und Weißweinflaschen, die am Ende den Besitzer wechseln.

Ich versuche einzutauchen in das Geheimnis von Duft und Geschmack dieses auf der ganzen Welt geschätzten, jedoch auch gefürchteten Tranks. Draußen auf dem Weinberg die Frucht, die kugeligen Beeren, matt oder glänzend, fingernagelgroß und eng aneinandergedrückt oder kirschgroß mit Zwischenraum, hellgrün, laubgrün, dunkelgrün, braunrot, schwarzblau, graublau gefärbt, wie sie an der Traube zwischen den Blättern hervorlugen. Ich kenne ihren süßlich-herben Geschmack, wenn ich sie in den Mund stecke, die gespannte Haut durchbeiße und den Saft schmecke. Im Weinkeller habe ich eben diesen Saft gekostet, nun aus der gepressten, gekelterten und vergorenen Traube, und wie das eine zum anderen kommt, wie aus der süßen Frucht dieses fröhlich, leichtfertig, genial, trunken, betrunken und süchtig machende Getränk wird, ist schwer zu begreifen.

Warum wird gerade Burgunderwein derart geschätzt, dass mancher Käufer aus fernen Landen bereit ist, mehr als tausend Euro für eine Flasche zu bezahlen? Nur wenige Tropfen dieses edlen Weins fließen in den großen weiten Ozean der Weinproduktion. Von dreihundertachtzig weltweit hergestellten Flaschen Wein stammt nur eine aus Burgund, und der burgundische Weinbau beschränkt sich auf einen länglichen, schmalen Streifen, der etwa hundertfünfzig Kilometer südöstlich von Paris beginnt und bis sechzig Kilometer nördlich von Lyon reicht. Das Anbaugebiet der Côte-d'Or misst gar nur fünfzig Kilometer in der Länge und einige Hundert Meter in der Breite.

Der Weinbauer klärt mich auf, dass gerade die geringe Anbaufläche den Wert steigert. Das Kunstwerk Burgunderwein entstehe aus der gelungenen Verschmelzung von Boden, Rebensorten, Klima, Sonneneinwirkung und der seit Ewigkeiten ausgeübten Fertigkeit des Menschen. Terrassierte, windgeschützte Hänge etwa zweihundertzwanzig Meter über der Flussebene, kalkhaltiger Lehm- und Mergelgrund, relative Trockenheit und morgendlicher Sonnenschein lassen die Reben so gut gedeihen. Zwei Rebsorten bilden die Grundlage für Burgunderwein: Pinot noir für Rotwein, als Schwarz-, Rot-, Blau- oder Spätburgunder in alle Welt exportiert, und Chardonnay für Weißwein.

Natürlich möchte der Winzer sein Produkt preisen, aber er möchte auch vermitteln, was es ihn an mühsamer Arbeit gekostet hat. Alles beginnt mit viel Geduld, denn ein Weinstock bringt erst nach zweieinhalb bis drei Jahren brauchbaren Wein hervor. Die großen Weine Burgunds stammen von dreißig-, vierzigjährigen Stöcken. Bis zu hundert Jahre kann ein *cep* Wein produzieren. Vor schädlichen Einflüssen muss er geschützt werden, ebenso vor Wetterkapriolen. Seit der Reblaus-Katastrophe im 19. Jahrhundert werden heimische Wurzelstöcke auf aus Amerika importierte aufgepfropft, weil sie sich als immun gegen den Parasiten erwiesen. Im Frühjahr stellt der Weinbauer Heizkörper zwischen die Weinrebenreihen, damit sie nicht unter plötzlichem Schneeeinfall oder eisigen Stürmen leiden, im März, April nicht unüblich in diesen Breiten. Er lässt teilhaben an seinen Ängsten, wenn Ende Mai, Anfang Juni die Blüten aufbrechen – für Nichteingeweihte kaum erkennbar. Sie tragen zwischen ihren zarten Karpellen die ganze Zukunft der Pflanze und sind äußerst empfindlich. Bei starkem Regen welken sie, kleben aneinander, verhindern die Befruchtung und fallen ab. Jedes Jahr geht regelmäßig die Hälfte der Blüten verloren. Wie er aufatmet, wenn sich Fruchtansatz bildet. Die letzte August- und die erste Septemberwoche treiben die Trauben zu voller Reife, während die kühleren Nächte den Säuregehalt sichern, unerlässlich für das aromatische Gleichgewicht und ausschlaggebend für das Datum der Weinlese. Monsieur Picard bedauert, nicht mehr eigenständig den Zeitpunkt der Weinlese bestimmen zu können. Ein Dekret setzt für alle Winzerbetriebe der Region das Datum fest, den *ban de vendange,* meist zwischen dem 10. und dem 30. September.

»... *Ah, les noces de la vigne et du vin* (die Hochzeit von Traube und Wein), ein rauschendes Familienfest war das früher, trotz der harten Arbeit«, schwelgt der Winzer, »die ganze Verwandtschaft hat bei der Weinlese mitgeholfen, ein bisschen ist es heute noch so. Früher haben die Leute im Freien oder in einer Scheune wie in einem großen Schlafsaal übernachtet, die Frauen haben für zwanzig, dreißig Leute aufgekocht.« Weinlesemaschinen gebe es, allerdings würden sie vermehrt im südlich gelegenen Département Saône-et-Loire eingesetzt. Die Weinstockreihen der Côte-d'Or stünden zu eng aneinander, die Parzellen seien zu sehr zerstückelt. Außerdem – die besten Weine, die *grands* und *premiers crus,* die ausgezeichneten Appellationen, werden immer handverlesen.

*Grand cru? Premier cru? Appellation d'origine contrôlée,* kurz AOC? Jedes Kind in Burgund kennt diese Begriffe, jeder Erwachsene, ob Weinkenner, Weinbauer, Weintrinker oder Abstinenzler blickt befremdet, wenn man ihn danach fragt. Laut Wörterbuch bedeutet *cru* einerseits »Gewächs«, viel wichtiger jedoch »Lage, Einzellage«, worunter die Stelle auf dem Weinberg zu verstehen ist, an der der Spitzenwein gedeiht. *Grand cru* ist also »große Lage«, schlichtweg Spitzenlage, *premier cru* erstklassige Lage. Das Wörterbuch bietet für *Appellation d'origine contrôlée* »geprüfte Herkunftsbezeichnung« als Übersetzung an.

Es wird noch komplizierter, denn die Bezeichnung *climat,* Rebenklima (was im Burgund wenig mit Meteorologie zu tun hat), präzisiert die Bezeichnung *cru.* Jeder *grand cru* oder *premier cru* stammt von einem bestimmten *lieu-dit* (Stelle, Ort) des Weingartens, der *climat* heißt. *Climat* ist also der Name des *cru* – alles klar? Ein *grand cru* aus Clos de Vougeot trägt zum Beispiel den Namen des *climat* »Clos de la Perrière« oder »Les Petits Vougeots«; ein *grand cru* aus Chablis stammt etwa vom *climat* »Blanchot« oder »Vaudésir«.

Aus dem immer undurchdringlicher gewordenen Dickicht an Namen, Bezeichnungen und Klassifizierungen halte ich fest: Burgunderwein *grand cru* ist der beste und unbezahlbar, *premier cru* kommt gleich danach, Weine, beim Weinhändler erstanden, tragen AOC-Bezeichnung und sind entsprechend teuer, passablen Wein zu moderaten Preisen gibt es im Supermarkt zu kaufen.

Kehren wir zu Monsieur Picard und der weiteren Kreation seines Spitzenprodukts zurück. Bis Ende September sieht man sie über Landstraßen und enge Dorfgassen dahinzockeln, die *enjambeurs,* hochbeinige Überzeilenschlepper, die ihre Anhänger randvoll mit blauen und weißen Trauben in die Winzereibetriebe fahren, denn die Trauben müssen so schnell wie möglich gepresst werden. Nein, Monsieur Picard gehört nicht zu jenen außerordentlich vorsichtigen Winzern, die die Beeren einzeln von ihren Stielen pflücken und die kaputten auslösen. Sein Familienbetrieb ist zu klein dafür, der Aufwand zu groß. Das Bild aus dem Film mit dem großen Holzbottich, in dem Männer und Frauen mit nackten Beinen lustvoll die Trauben zerstampfen, der herausspritzende dunkle Saft färbt Beine, Kleidung, Gesicht, Haar, gehört ebenso der Vergangenheit an wie die Bottiche, in denen einem heidnischen Ritual gleich völlig nackte Männer tanzen, zu sehen auf Schwarz-Weiß-Fotos aus der Zwischenkriegszeit im Weinmuseum von Beaune. Ebenso die überdimensionalen mittelalterlichen Holzpressen, wie sie in Chenove oder Clos de Vougeot zu bewundern sind. Most rinnt aus hydraulischen oder pneumatischen Pressen und wird zum Gären in Eichenholzfässern gelagert, Weißwein sofort abgeseiht, Rotwein gärt länger im Bottich, weil er erst durch die Schale der Traube Farbstoff, Kraft und Würze annimmt.

In seiner Kindheit bleibt der Wein alles andere als seinem Schicksal überlassen, ganz im Gegenteil: Der Winzer lässt ihm liebevolle Pflege angedeihen. Monsieur Picard kann nicht sagen, wie oft er in diesen zehn Tagen bis drei Wochen nachschauen kommt. Von seiner Wachsamkeit hängt die Zukunft des Weins ab, hier und jetzt, im Bottich bestimmen Temperatur und Gärungsdauer seinen Charakter: »Jeder Winzer hat seine eigenen Geheimnisse, welche Gärungshefe zum Beispiel die Magie eines großen Weins ausmacht.« Einmal in Fässer gefüllt, muss der junge Rotwein sechs bis achtzehn Monate warten, bis er zu einem würdigen Vertreter Burgunds ausgebaut, *élevé*, ist. Klärendes Eiweiß und mehrfacher Wechsel des Fasses helfen ihm, sich schneller von überflüssigen Schwebstoffen zu befreien. Das Eichenholz atmet, lässt Verdunstung zu, sodass der Inhalt zumindest eines Fasses nach und nach auf die anderen verteilt werden muss, um Luftsäule und Oxidierung zu vermeiden. In der Regel kommen Burgunderweine nach drei bis vier Jahren auf den Markt. Es sind Lagerweine, die nach fünfzehn Jahren ausgezeichnet sein können und sich nach fünfzig Jahren traumhaft ausmachen.

Nachdem wir in die kleine Nebenstraße eingebogen sind, die den Weinhang hinaufführt, wird ein paar Meter weiter die nüchterne Ostfassade des Renaissanceschlosses sichtbar. Scheinwerfer, die das Schloss in gleißendes Licht tauchen, werfen Schatten über die dichten Weinstockreihen rechts und links der Straße. Oben angekommen, biegen wir in die Auffahrt zur eleganten, von dorischen Säulen umrahmten Eingangspforte, reihen uns ein in die Warteschlange der chromblitzenden Limousinen, die vor dem weit geöffneten Tor halten und ihre kostbare Fracht ausladen. Damen in bodenlangen Abendroben, funkelndes Geschmeide zwischen lässig um die Schulter geworfenen Pelzmänteln, unterm dunklen Querbinder und Smoking der Herren blitzt die gestärkte Hemdbrust. Vorsichtig stöckelt man über das Kopfsteinpflaster des Gewölbegangs und die kleinen Steinchen des zentralen Innenhofs. Eine *joyeuse fanfare* ertönt zur Begrüßung. Sechs ältere, wohlbeleibte Herren, mit schwarzem Reithelm, dunkelgrünem Jägerfrack, hohen schwarzen Reitstiefeln, blasen in ihre Jagdhörner. Mit dem Rücken zum Publikum haben sie vor dem Kellergebäude Aufstellung genommen, damit aus dem Schallstück die volle Lautstärke zu hören ist, und eröffnen »… le

Chapitre tenu dans le Cellier Cistercien du Château du Clos de Vougeot … le samedi treizième jour du mois d'octobre de l'an MMVII, à huit heures de la soirée …«. In der Sprache von Rabelais, einem der Schutzpatrone der Bruderschaft, steht es in altertümlicher Schrift auf den großformatigen Seiten Elfenbeinpapiers der gedruckten Einladung. Das tausenddritte »Kapitel der Bruderschaft der Ritter von Tastevin, zelebriert um acht Uhr abends im Zisterzienser Weinkeller des Schlosses Clos de Vougeot am dreizehnten Tag des Monats Oktober im Jahre MMVII (2007)«, hat begonnen.

Sie ist die älteste Weinbruderschaft in Burgund. Am 16. November 1934 wurde sie gegründet nach dem Vorbild ähnlich bacchantischer Bruderschaften aus dem 17. und 18. Jahrhundert. Der Wein verkaufte sich schlecht in den dreißiger Jahren, als einfallsreiche Winzer in Nuits-Saint-Georges beschlossen: »Wenn niemand unseren Wein will, laden wir eben unsere Freunde ein und trinken ihn selbst!« Die genialste Werbekampagne der Region war geboren und hatte auf Anhieb Erfolg. Mit einem dreifachen Rebstockschlag (»Im Namen Noahs, des Vaters der Weinrebe, Bacchus', des Weingotts, und des heiligen Vincent, Schutzpatrons der Winzer«) werden die Brüder zu Rittern geschlagen und erhalten ein purpur-gelb gestreiftes Band mit *tastevin* (von *tasse de vin*), dem silbernen Weinprobierschälchen, umgehängt. Mittlerweile gibt es zehntausend Mitglieder – mehr dürfen es nicht sein. Die Mitgliedschaft ist begehrt, eine Bewerbung erfordert Geduld. Etwa fünfzehn Sitzungen (Kapitel) werden jährlich im Schloss Clos de Vougeot abgehalten, das die Bruderschaft in den neunziger Jahren gekauft hat. Dort geht auch der berühmte *tastevinage* über die Bühne, eine streng anonyme Weinprobe, bei der jene Weine bestimmt werden, »die man gerne seinen Freunden schenken würde« und die mit dem Prädikat *tastevi-né* ausgezeichnet werden.

Geblendet halte ich am Eingang des *cellier* an. Es strahlt, leuchtet, gleißt, schimmert und schillert auf den fünfzehn etwa zehn Meter langen, festlich gedeckten Tischen. Die in die Mitte gestellten Weingläser fallen als Erstes auf. Später, zu meinem Platz geleitet, werde ich sie zählen: sechs Weingläser für jeden, in verschiedenen Größen, Höhen und Breiten. Die ellenlange Weinkarte, die der ebenso ausführlichen Speisenkarte beigelegt wurde, hat ihren guten Grund. Nicht nur die Namen der Weine sind aufgelistet, sondern auch deren detaillierte Beschreibung.

Während des Essens, das bis lang nach Mitternacht dauert, gibt es nicht einen Moment der Stille. Vom Podium aus, das an der dem Eingang gegenüberliegenden Wand vor einem Wandteppich mit bukolisch-bacchantischem Motiv aufgestellt wurde, unterhält der stramme Männerchor der Cadets de Bourgogne die Gäste mit Weinliedern, von denen es Hunderte in Burgund gibt. Zwischen den sieben Speisengängen werden Reden geschwungen, Ehrenmitglieder aufgerufen und beschenkt.

Bald weiß ich nicht mehr so recht, ob ich mich im verfeinert zivilisierten Frankreich oder im derben München zur Zeit des Oktoberfests befinde. Die Unterschiede sind gering. Hier wie dort wird gevöllert, der Wein vielleicht bedachter getrunken als das Bier. Statt vollbusiger Frauen im Dirndl, die schwere Bierkrüge balancieren, bemühen sich zierliche Männer und Frauen in schwarzen Hosen und weinroten Jacketts um die Gäste. Aber auch in diesem uralten Weinkeller wird gesungen, gegrölt und geschunkelt, die feinen Stoffservietten werden über die Köpfe geschwungen und alle zehn Minuten der »Ban de Bourgogne« angestimmt, der überhaupt nur aus Gesten, Händeklatschen und lalalalerum besteht. Es mag gut sein, wenn auf die Marke Burgunderwein geachtet und für seine Verbreitung Sorge getragen wird. Einmal hundertachtzig Euro für die illustre Einladung gezahlt, sich neues Kleid, neue Frisur und neues Make-up geleistet zu haben, um bei so einem Kapitel der Bruderschaft der Ritter vom Tastevin dabei gewesen zu sein, reicht jedenfalls.

Unlängst kredenzte Marie-Louise zur Feier des Besuchs ihrer Schwester einen Weißwein Marke Chassagne-Montrachet, *appellation contrôlée*, Jahrgang 1982. Kein *grand cru*, trotzdem ein Juwel, Geschenk eines alten Freundes. Seine Farbe leuchtete im Glas wie Zucker kurz vor dem Karamellisieren, er schmeckte nach Schokolade, beim Hinunterschlucken (Abgang – wie's richtig heißt!) klang die Nuance einer Erinnerung an Harz und Wald nach. Vielleicht ist ja doch was dran an dem Tamtam, das um den *vin de Bourgogne* gemacht wird?

*Susanne Pollak*

# Nachweis

Die hier versammelten Texte sind teils Originalbeiträge, teils aus Bänden der Reihe Picus Lesereisen entnommen:
Michael Bengels Beitrag *Catherine Troubat und les Anis de Flavigny* erschien ursprünglich in der *Frankfurter Allgemeinen Zeitung;*
Stefanie Bispings Beiträge *Im Rhythmus der Gezeiten* und *Gerüttelt. Sonst nichts* sind Vorveröffentlichungen aus der 2013 erscheinenden *Lesereise Normandie;*
Rudolf Chimellis Beitrag *Pardon, wo ist das letzte »bistrot«* aus der *Lesereise Paris;*
Inken Herzigs Beiträge *Vom Löffel geschleckt, Knusprig muss sie sein …, »Choucroute« fürs Volk* und *Ein hochprozentiges Parfum* aus *Fachwerk, Sterne-Koch und Storchenvater. Elsässer Sinnenfreuden;*
Ellen Katja Jaeckels und Peter Peters Beiträge *Salade Niçoise, Pissaladière, Socca* und *Mentons Zitronenblüten* aus *Das Starlet und der Parfumeur. Glanzlichter der Côte d'Azur;*
Gerd Krönckes Beitrag *Es war einmal die »baguette«* aus *Im sicheren Schatten der Platanen. Französische Stimmungen;*
Volker Mehnerts Beiträge *Vom Geschmack der französischen Provinz, Dieser hauchzarte Duft nach Thymian und Mandeln!* und *Ein Vermächtnis für mehrere Generationen* erschienen ursprünglich in der *Frankfurter Allgemeinen Zeitung;*
Susanne Pollaks Beiträge *Les noces de la vigne et du vin* und *Langes, sanftes Köcheln in Rotwein* aus *Lesereise Burgund;*
Christiane Schotts Beiträge *Alles Olive* und *Wo Safranbauern die Fäden ziehen* aus *Zur blauen Stunde kommt der Troubadour. Südfranzösische Lichtblicke.*